Tesoro literario

Activities Workbook

Margaret Adey
Louis Albini

Reviewer

Ricardo J. Pedroarias
Loyola High School
Los Angeles, California

New York, New York   Columbus, Ohio   Chicago, Illinois   Peoria, Illinois   Woodland Hills, California

Glencoe

The *McGraw·Hill* Companies

Send all inquiries to:
Glencoe/McGraw-Hill
8787 Orion Place
Columbus, Ohio 43240-4027

ISBN 0-07-860576-8 *(Activities Workbook)*
ISBN 0-07-860577-6 *(Activities Workbook and Testing Program, Teacher Edition)*

Printed in the United States of America.

3 4 5 6 7 8 9 10   066   10 09 08 07 06 05

JOYA UNO

LA FÁBULA:
FLUORITAS DE FANTASÍA

LECTURA

A Lea la fábula que sigue. Es otra por Félix María de Samaniego.

El pescador y el pez

ecoge un pescador su red tendida
y saca un pececillo. ¡Por tu vida!
—Exclamó el inocente prisionero.—
¡Dame la libertad! Sólo la quiero,
mira que no te engaño,
porque ahora soy ruin: dentro de un año
sin duda lograrás el gran consuelo
de pescarme más grande que mi abuelo.

¡Qué! ¿Te burlas? ¿Te ríes de mi llanto?
Sólo por otro tanto,
a un hermanito mío
un señor pescador lo tiró al río.

—¿Por otro tanto al río? ¡Qué manía!
—Replicó el pescador. —Pues no sabía
que el refrán castellano
dice: Más vale pájaro en mano…

¡A sartén te condeno, que mi panza
no se llena jamás con la esperanza!

EJERCICIOS DE COMPRENSIÓN

A Seleccione la respuesta correcta.

1. ¿Cómo recogió el pescador al pez?

   a. con caña y cuerda de pescar

   b. con una cesta de pescador

   c. en un saco

   d. en una red

2. ¿Qué quería el pececillo?

   a. entregar a su hermano en su lugar

   b. engañar al pescador

   c. la libertad

   d. entregar en su lugar a su abuelo

3. El pez dijo que…

   a. era demasiado pequeño todavía.

   b. no le gustaba ser prisionero.

   c. el pescador estaba burlándose de él.

   d. era inocente.

4. Otro pescador había…

   a. pescado a su hermanito.

   b. pescado a su abuelo.

   c. condenado a su hermanito.

   d. reído de su llanto.

5. El pescador creía que era…

   a. mejor tirar el pez al agua.

   b. mejor guardar lo que ya tenía.

   c. mejor pronunciar refranes.

   d. manía pescar en el río.

6. ¿Qué pensaba hacer el pescador con el pez?

   a. tirarlo al río

   b. cocinarlo

   c. ponerlo en una red tendida

   d. cambiarlo por su hermanito o su abuelo

7. El pescador indicaba que…

   a. no se puede quitar el hambre con esperanzas.

   b. las sartenes son culpables.

   c. los pájaros valen mucho.

   d. tenía la panza grande.

8. La moraleja de esta fábula es:

   a. Nunca llenarse con esperanzas

   b. Más vale pájaro en mano que cien volando

   c. No pescar donde está prohibido

   d. Hoy por mí, mañana por ti

B **¿Verdadero o falso?** Indique con V o F.

1. _____ Una fábula es un cuento extravagante e imaginativo creado para explicar algunos hechos o realidades de la naturaleza o para enseñar una lección útil.

2. _____ El gran fabulista de los griegos es Esopo.

3. _____ Aunque muchos animales aparecen en las fábulas, los fabulistas nunca les prestan su voz.

4. _____ Había una rivalidad amarga entre Samaniego e Iriarte.

5. _____ Los autores de diversos países tienen versiones diferentes de la misma fábula.

6. _____ Los personajes de la fábula, sean hombres o animales, han de poseer el carácter que los distinga: por ejemplo, la zorra astuta, el mono imitador.

7. _____ La acción de una fábula, entretenida y bien imaginada, ha de componer una unidad.

8. _____ Las narrativas pueden ser largas y complicadas.

9. _____ La fábula es una de las formas literarias recién introducidas.

10. _____ Muchas veces las fábulas son anónimas.

C Seleccione la palabra apropiada para completar los siguientes refranes. Tendrá Ud. moralejas valiosas.

1. Afortunado en juego, desgraciado en _____ .
   - **a.** notas
   - **b.** amores
   - **c.** cartas
   - **d.** honor

2. Mata al _____ cuando es chiquito.
   - **a.** hermanito
   - **b.** hábito
   - **c.** ratoncito
   - **d.** lobito

3. No te cases con viejo por la _____ ; el dinero se acaba y el viejo se queda.
   - **a.** moneda
   - **b.** plata
   - **c.** alameda
   - **d.** juventud

4. Donde hay amor, hay _____ .

   a. dinero

   b. honor

   c. dolor

   d. esplendor

5. _____ es poder.

   a. Ver

   b. Creer

   c. Saber

   d. Leer

6. Las paredes _____ .

   a. oyen

   b. caen

   c. hablan

   d. miran

7. De la mano a la boca se pierde la _____ .

   a. copa

   b. sopa

   c. roca

   d. leche

8. A quien madruga, Dios le _____ .

   a. amenaza

   b. disculpe

   c. perdona

   d. ayuda

9. A buen hambre no hay pan _____ .

   a. bueno

   b. duro

   c. fresco

   d. nuevo

VOCABULARIO

A Complete las oraciones con la palabra de la lista de abajo que mejor complete la idea.

antaño	relucía	limpiador
desagradó	tesoro	seguir
perecer	cotidiana	ganador
riquezas	agrado	alentaron
enriquecerse	aliento	alentadora

1. El labrador se aburrió de la rutina _____ y comenzó a buscar otra manera

   de _____ .
   ₂

2. El tono malicioso de la carta le _____ tanto al recipiente que se negó de
   ₃

   _____ los consejos del escritor.
   ₄

3. _____ respetaba tanto a su mentor por ser una persona de su _____ .
   ₅ ₆

4. Las buenas noticias _____ a la lechera tanto que se convenció de tener un
   ₇

   _____ a su alcance.
   ₈

5. El suelo _____ después de aplicar el nuevo _____ .
   ₉ ₁₀

6. El podenco temía _____ al sentir el _____ del chacal
   ₁₁ ₁₂

   que lo perseguía.

7. Era _____ la posibilidad de ser _____ de
   ₁₃ ₁₄

   tantas _____ .
   ₁₅

ESTRUCTURA

A **El artículo definido.** Complete las siguientes oraciones con la forma apropiada del artículo definido si es necesario.

1.–2. _____ fábulas y _____ apólogos gozan de una historia interesante.

3.–4. Vi a _____ lechera dando brincos en _____ aire.

5. _____ pobres conejos fueron perseguidos por unos perros feroces.

6. Los pescadores cobran $6.00 _____ libra por el pescado.

7. _____ triste dueño no encontró más huevos de oro.

8. En _____ Perú los mercados están en un lugar céntrico.

9. Piensan llegar _____ lunes por la mañana.

10. _____ proyectos grandes no nos interesan.

11. Recibió a Raúl de Blasco, _____ presidente de ese banco nacional.

12. Buenos días, _____ Sr. de Blasco. Mucho gusto de volver a verlo.

13. En Quebec muchos estudian _____ inglés.

14. Sí, pero prefieren hablar _____ francés.

15. Allí _____ clima de agosto no es muy caliente.

16. Espere un momento. Tengo que lavarme _____ manos.

17. A Teodoro Tesoro, _____ reportero conocido, le gusta viajar.

18.–19. _____ cierto es que van a aumentar _____ tarifas estatales.

20. No es cierto que regrese para _____ lunes que viene.

B **El artículo indefinido.** Complete las oraciones con el artículo indefinido si es necesario.

1.–2. Acompáñeme a comprar _____ abrigo y _____ camisas.

3. Quiero que conozcas a mi tía, _____ senadora de este distrito.

4. Es _____ luchadora incansable para la justicia.

5. ¡Qué _____ sorpresa más agradable verte aquí!

6. Tengo _____ cierta desconfianza en ese programa.

7. Mi abuelo es _____ conocido autor de novelas.

8. Vi a _____ cincuenta testigos en el accidente.

9. _____ cierto señor me relató cosas increíbles.

10. ¡Qué _____ historia más graciosa!

C **Concordancia de adjetivos.** Complete las siguientes oraciones con la forma apropiada del adjetivo indicado.

Dos fabulistas (bueno) _____ del siglo XVIII son Samaniego e Iriarte.

Los dos estudiaron en Francia y adoptaron las (nuevo) _____ ideas de los (grande)

_____ filósofos franceses. Al regresar a España se encontraron con (nuevo)

_____ problemas con las (mismo) _____ cortes de la Inquisición.

Sus (nuevo) _____ ideas les costaron (caro) _____ . Los dos

(pobre) _____ , a pesar de su (alto) _____ posición literaria,

pasaron (alguno) _____ ratos encarcelados. Como la fábula es (bueno)

_____ forma para enseñar y expresarse sutilmente, los dos la emplearon. En

particular, Iriarte, (grande) _____ figura literaria y política, se aprovechó de cada

oportunidad de poner en ridículo (cierto) _____ costumbres anticuadas y de mofar

de sus (antiguo) _____ rivales. Los (pobre) _____ ofendidos

no tenían (ninguno) _____ apoyo civil para defenderse ni en las cortes (bajo)

_____ ni en las (alto) _____ . Iriarte siguió publicando en los

(grande) _____ periódicos y denunciándolos sutilmente por (puro)

_____ alegría en los salones privados.

D **Posición de los adjetivos.** Complete cada oración según el significado de la primera oración en el blanco apropiado.

1. Los huevos de oro no satisfacían al dueño avariento. (bueno)

   El dueño no era una _____ persona _____ .

2. Me llamo Pablo; fui bautizado con el nombre de ese santo. (santo)

   Celebro el día de _____ Pablo _____ .

3. ¡Qué mala conducta! (malo)

   No admiro ese _____ ejemplo _____ para los demás.

4. No conozco ese parque, pero voy allí mañana. (primero)

   Voy allí mañana por _____ vez _____ .

5. Se enfermó de beber de aguas contaminadas. (puro)

   Las aguas no eran _____ aguas _____ .

6. Escribió ideas que no les gustaron a las cortes. (cierto)

   Escribió _____ ideas _____ que no les gustaron.

7. Es un hombre alto y pesa 240 libras. (grande)

   Es un _____ hombre _____ .

E **Comparación de adjetivos.** Compare los elementos siguientes según las indicaciones positivas: (+),
o negativas: (–).

   Ejemplo:

   (alto) Inés es *alta*. (+)
   Carla es *más alta*. (++)
   Rosa es *altísima*. (+++)

1. (grande)   Madrid es _____ . (+)

   Nueva York es _____ . (++)

   México, D.F. es _____ . (+++)

2. (malo)   Esta es una película _____ . (–)

   Esa es _____ . (– –)

   La otra es _____ . (– – –)

3. (pequeño edad) Daniel nació hace 2 años; él es _____ . (+)

   Lalo nació hace 10 años; él es _____ que Daniel. (++)

   Meme nació hace 15 años; él es _____ de los tres. (+++)

4. (bueno)   Mis ideas son _____ . (+)

   Tus ideas son _____ . (++)

   Pero las de José son _____ . (+++)

F **Los adjetivos posesivos.** Complete las ideas con el adjetivo posesivo que corresponda con el sujeto.

1. ¿Quieres mostrarnos _____ últimas fotos?

2. Lo siento. Las tengo guardadas en _____ casa.

3. ¿Las sacasteis en _____ último viaje?

4. Sí, pero las enviamos a _____ hijos en Nicaragua.

5. En Las Vegas, ¿cómo gastaron _____ ganancias?

6. ¡Qué ganancias! Ellos perdieron todo _____ dinero.

7. También perdieron _____ esperanzas de regresar.

G **El superlativo absoluto.** Exprese las ideas siguientes en el superlativo absoluto, según el ejemplo.

Ejemplo: ¿Es una idea mala?
Sí, es malísima.

1. ¿Es un trabajo fácil?   Sí, _____ .

2. ¿Es el vestido blanco?   Sí, _____ .

3. ¿Son difíciles esos estudios?   Sí, _____ .

4. ¿Son ricos esos mercaderes?   Sí, _____ .

5. ¿Es aburrido ese relato?   Sí, _____ .

6. ¿Son locas esas ideas?   Sí, _____ .

7. ¿Es larga la novela?   Sí, _____ .

8. ¿Son dulces esos pasteles?   Sí, _____ .

H **Los adjetivos demostrativos.** Escriba cada oración, sustituyendo la palabra indicada por la que está entre paréntesis. Haga todos los cambios necesarios.

1. Le gustó esa *sopa* rica. (postre)

_____

2. Leyó esos *cuentos*. (historia)

_____

3. Saludó a esta *joven*. (jóvenes)

_____

4. Conoció a estos *autores*. (escritor)

_____

5. Allí vio aquel *templo*. (ruinas)

_____

COMPOSICIÓN

Seleccione dos de las siguientes actividades.

1. "Iriarte cuenta bien, pero Samaniego pinta. El uno es ingenioso y discreto, y el otro, gracioso y natural". Escriba una breve composición en la cual Ud. da su opinión de esta observación.

2. Escriba una fábula corta cuya moraleja resulta en uno de los siguientes refranes:

    a. Un hoy vale más que dos mañanas.

    b. Al caballo de presente, no le mires el diente.

    c. El hábito no hace al monje.

    d. Cuando el gato no está en casa, bailan los ratones.

3. Lea los siguientes párrafos. A cada uno ponga una moraleja apropiada.

    a. La primera vez que la chica trató de cocinar, se quemó los dedos; la segunda vez, quemó la comida por completo; la tercera vez ocurrió otra desgracia, así es que la chica no quería cocinar jamás. Pero su madre le aconsejó que era necesario probar y probar y probar porque...

    Moraleja: _____.

    b. Juan es un buen estudiante; tiene una buena familia que se interesa en su educación; es aplicado y diligente; recibe buenas notas en la escuela, pero algunos de sus compañeros son delincuentes; no estudian, fuman, beben cerveza, manejan automóviles como locos. Los padres de Juan están preocupados que de vez en cuando su hijo sale con estos "malos tipos". Dicen que los otros van a juzgar a Juan por sus amigos.

    Moraleja: _____.

    c. La campana ha sonado para empezar la clase. Los alumnos están reunidos pero no ha llegado el maestro. Por eso, los estudiantes hablan, gritan y hacen cosas juveniles. Uno escribe grafiti en la pizarra; otro molesta a sus compañeros y empiezan a luchar. La situación es tan abominable que otro maestro tiene que llamar al director de la escuela. Todo esto porque el maestro no ha llegado y no hay supervisión en este momento. Los alumnos dicen:

    Moraleja: _____.

JOYA DOS

EL CUENTO EN ESPAÑA:
CETRINAS DE FASCINACIÓN

LECTURA

 A Lea los dos cuentos cortos que siguen. Ambos fueron escritos por Ana María Matute, autora destacada en la literatura contemporánea.

La niña fea

 La niña tenía la cara oscura y los ojos como endrinas[1]. La niña llevaba el cabello partido en dos mechones, trenzados a cada lado de la cara. Todos los días iba a la escuela, con su cuaderno lleno de letras y la manzana brillante de la merienda. Pero las niñas de la escuela le decían: "Niña fea"; y no le daban la mano, ni se querían poner a su lado, ni en la rueda ni en la comba[2]: "Tú vete, niña fea." La niña fea se comía su manzana, mirándolas desde lejos, desde las acacias, junto a los rosales silvestres, las abejas de oro, las hormigas malignas y la tierra caliente de sol. Allí nadie le decía: "Vete." Un día, la tierra le dijo: "Tú tienes mi color." A la niña le pusieron flores de espino en la cabeza, flores de trapo y de papel rizado[3] en la boca, cintas azules y moradas en las muñecas. Era muy tarde, y todos dijeron: " Qué bonita es." Pero ella se fue a su color caliente, al aroma escondido, al dulce escondite[4] donde se juega con las sombras alargadas de los árboles, flores no nacidas y semillas de girasol[5].

[1] endrina *fruit of the blackthorn or sloe tree*
[2] comba *rope skipping game*
[3] rizado *crimped up*
[4] escondite *hiding place*
[5] girasol *sunflower*

El niño que era amigo del demonio

 Todo el mundo, en el colegio, en la casa, en la calle, le decía cosas crueles y feas del demonio, y él le vio en el infierno de su libro de doctrina, lleno de fuego, con cuernos y rabo ardiendo, con cara triste y solitaria, sentado en la caldera[1]… "Pobre demonio—pensó—, es como los judíos, que todo el mundo les echa de su tierra". Y, desde entonces, todas las noches decía: "Guapo, hermoso, amigo mío", al demonio. La madre, que le oyó, se santiguó y encendió la luz: "Ah, niño tonto, —tú no sabes quién es el demonio?" "Sí—dijo él—, sí: el demonio tienta a los malos, a los crueles. Pero yo, como soy amigo suyo, seré bueno siempre, y me dejará ir tranquilo al cielo.

[1] caldera *cauldron*

EJERCICIOS DE COMPRENSIÓN

A Seleccione la respuesta correcta.

1. La niña fea tenía los ojos…
   a. claros.
   b. azules.
   c. hundidos.
   d. negros.

2. Tenía el pelo…
   a. trenzado.
   b. rizado.
   c. cortado en cerquillo.
   d. corto.

3. Diariamente llevaba consigo a la escuela…
   a. endrinas.
   b. un cuaderno y una fruta.
   c. una rueda.
   d. la comba.

4. Las niñas de la escuela jugaban…
   a. a los rosales.
   b. en la rueda y en la comba.
   c. con muñecas.
   d. en el escondite.

5. La niña fea se apartaba porque tenía su…
   a. rosal silvestre.
   b. hormiga maligna.
   c. girasol.
   d. escondite.

6. La cara de la niña fea era…
   a. calentada por el sol.
   b. verdaderamente fea.
   c. del color de la tierra.
   d. muy pálida.

7. Las flores que le pusieron a la niña eran…
   a. flores bonitas.
   b. flores olorosas.
   c. flores no nacidas.
   d. flores de papel arrugado.

8. Las niñas de la escuela…

    a. aceptaron a la niña fea.

    b. atormentaban a la niña fea.

    c. querían ponerse a su lado.

    d. regalaron a la niña fea.

9. Los mejores cuentos de Ana María Matute tratan de…

    a. niños de todas clases.

    b. animales.

    c. temas religiosos.

    d. memorias.

10. ¿Cuál de las siguientes palabras no se aplica a las obras de Matute?

    a. ternura.

    b. sensiblería.

    c. dolorosa soledad.

    d. angustia existencial.

11. En los dos cuentos leídos aquí los personajes principales son…

    a. personas enfermas.

    b. burladores.

    c. víctimas.

    d. ingenuos.

12. Al amigo del niño todos lo llamaron…

    a. cruel.

    b. feo.

    c. demonio.

    d. guapo.

13. Debido a que todo el mundo le decía cosas crueles, el amigo procuró ser…

    a. cruel también.

    b. con cara triste y solitaria.

    c. más amable que nunca.

    d. indiferente.

14. El niño compara al "demonio" con…

    a. la caldera.

    b. una persona guapa y hermosa.

    c. los malos.

    d. los judíos desterrados.

VOCABULARIO

A Complete las oraciones con la palabra de la lista que mejor complete la idea.

labradores	dominar	botica
tuerto	farmacéutico	atrevidamente
genio	educación	avanzaban
carencia	parricidio	se empeñó
se atrevió	se propuso	ciudadanos
boticario	animación	educable
dentadura	empeñadamente	merendero
atrevimiento	atrevida	grosera
friolento	dientes postizos	farmacia
la merienda	siniestra	traidores

1. El mancebo pobre mostró gran _____ en tomar la decisión de _____

1   2

   a una mujer rica y tan _____ que nadie podía respetarla por su _____

3   4

   severo y hasta malísimo.

2. _____ y en forma bastante grosera _____ dominar a su mujer en

5   6

   forma algo _____ y cruel.

7

3. _____ a educarla a cumplir con sus deseos la noche de la boda cuando

8

   _____ que los animales le trajeran agua.

9

4. Gritó — _____ — a todos, mostrando una _____ de compasión

10   11

   cuando no le obedecieron.

5. La novia se mostró _____ cuando perdió su propio _____ y obedeció

12   13

   _____ a su marido.

14

6. En la _____ , que también se llama _____ , tengo que consultar con

15   16

   el _____ relativo a un nuevo producto _____ .

17   18

7. El ayudante se alarmó al oír mucha _____ afuera en la calle indicando que los fieles del

19

   pueblo, en la mayoría _____ , _____ para vengarse del «traidor» que

20   21

   acusaban de cometer un _____ .

22

8. El dentista recomendó una nueva _____ . Es decir, unos _____ que le

23   24

   ayudarían a comer sin problemas.

9. Los residentes, es decir, los _____ de esa región, comen _____

25   26

   en casa si hace tiempo _____ , pero prefieren pasar un rato en el _____

27   28

   de la playa si hace calor.

10. Era un joven pobre pero con buena _____ que tristemente, por ser

29

    _____ , no podía ver bien.

30

ESTRUCTURA

A **El presente de los verbos irregulares.** Convierta estas ideas en preguntas y luego, contéstelas, según el modelo.

Ejemplo:
¿Cuándo (ir-tú) a la playa? (esta misma tarde)
¿Cuándo vas a la playa? Voy esta misma tarde.

1. ¿Qué música (oír-tú) en esa estación? (los nuevos éxitos)

   _____

   _____

2. ¿(Saber-tú) cuánto cuesta? (No)

   _____

   _____

3. ¿A quién se lo (decir-ella)? (al vendedor)

   _____

   _____

4. ¿(Poder-ellos) ver bien la pantalla? (Sí, perfectamente)

   _____

   _____

5. ¿Dónde (poner-yo) este frasco frágil? (encima del mostrador)

   _____

   _____

6. ¿(Oír-Uds.) los programas en portugués? (Sí, todas las noches)

   _____

   _____

7. ¿Qué (ver-tú)? (absolutamente nada)

   _____

   _____

8. ¿Qué (decir-tú) de esta idea? (que es fenomenal)

   _____

   _____

B Exprese las ideas siguientes en el pretérito.

1. Yo no sé quién viene.

   _____

2. Los soldados enemigos se emborrachan y no pueden levantarse.

   _____

3. El patriota bebe el mismo vino y muere con los franceses.

   _____

4. Sus amigos se ríen de él cuando él se pone las máscaras.

   _____

5. Carnavalito oye la música y no quiere ver el desfile.

   _____

6. El niño anda hacia el pueblo pero no ve nada.

   _____

7. El pobre se pone impaciente y se sienta a esperar.

   _____

8. Unos obreros vienen con su cuerpo y se lo dan a las monjas.

   _____

C **Ayer y mañana.** Conteste según el modelo.

Ejemplo:
¿(Comer-él) pescado ayer?
No, no lo comió, pero lo comerá mañana.

1. ¿(Ir-ellos) a Padrón el mes pasado?

   _____

2. ¿(Tener-Uds.) pescado anoche?

   _____

3. ¿(Dar-él) el brindis antes de comer?

   _____

4. ¿(Traer-él) el mejor vino anoche?

   _____

5. ¿(Saber-tú) lo que dijo García de Paredes?

_____

6. ¿(Estar-vosotros) con el patriota ayer?

_____

7. ¿(Caber-todos Uds.) en ese cuarto?

_____

8. ¿(Venir-tú) temprano anoche?

_____

9. ¿(Querer-Uds.) visitar el orfelinato el sábado pasado?

_____

10. ¿(Hacer-ellos) castillos en la arena?

_____

11. ¿(Oír-tú) la música de los cascabeles?

_____

12. ¿(Dormir-Uds.) cómodamente anoche?

_____

13. ¿(Pedir-él) permiso para ir al circo?

_____

14. ¿(Vestirse-la niña) sin ayuda?

_____

15. ¿(Ver-tú) el Nacimiento anoche?

_____

D Exprese el primer verbo en el presente y el segundo en el pretérito.

1. Ana: Yo no _____ de esa música. (gozar) (presente)

   Beto: Yo sí _____ del programa noche. (pretérito)

2. Ana: Laura _____ bien su papel en la comedia. (realizar)

   Beto: Anoche no lo _____ bien.

3. Ana: En la corte yo _____ a favor del señor. (atestiguar)

   Beto: Yo no. Ayer yo _____ en contra de él.

4. Ana: Yo te _____ tu ayuda. (agradecer)

   Beto: Al contrario. Tú _____ nuestro apoyo. (merecer)

5. Ana: ¿Qué dijo César? Yo vengo; yo veo; yo _____ . (vencer)

   Beto: Pero en el *pasado*: yo _____ , yo _____ , yo _____ .

6. Ana: Mañana yo te _____ el libro mencionado. (enviar)

   Beto: ¿No te acuerdas? Me lo _____ ayer.

7. Ana: Yo _____ mis libros con mucha atención. (escoger)

   Beto: ¿De veras? Tú, la discreta, ¡ _____ ése!

8. Ana: Marta me _____ si llego tarde. (reñir)

   Beto: Tienes razón. Ayer _____ mucho tu tardanza.

9. Ana: Ellos siempre _____ algo delicioso. (traer)

   Beto: Lo que _____ ayer no nos gustó.

10. Ana: Aquí en el campo Papá _____ bien. (dormir)

    Beto: Pero anoche el pobre _____ mal.

11. Ana: Yo siempre _____ buenas notas en su clase. (sacar)

    Beto: ¡Pobre de mí! Yo _____ un 30 ayer.

12. Ana: Yo _____ por aquí cuando hace buen tiempo. (andar)

    Beto: Nosotros _____ por aquí en mayo.

13. Ana: ¿Cómo _____ esos problemas? (resolver)

    Beto: Como mi Papá los _____ , con paciencia.

14. Ana: Yo no _____ . Es decir, no comprendo eso. (caer)

    Beto: Mis hermanos no _____ tampoco.

15. Ana: Yo _____ ahora. (despedirse)

    Beto: ¿Cómo _____ Romeo y Julieta?

COMPOSICIÓN

A Escoja una de las siguientes actividades.

1. Si no lo supiera, ¿habría Ud. reconocido que los dos cuentos fueron escritos por la misma autora? ¿Qué semejanzas hay que caracterizan el estilo de Matute? ¿Cómo se diferencian? Haga Ud. un comentario escrito.

2. En el cuento "El afrancesado", García de Paredes dice a Celedonio: "El opio se ha concluido… Manda por opio a La Coruña". En un párrafo explique la ironía de sus palabras.

3. ¿Han terminado los cuentos de Ana María Matute como anticipado por el lector? ¿De qué otra manera se pueden concluir? Seleccione uno de los siguientes cuentos leídos y cambie el desenlace, escribiendo un párrafo alternativo.
   a. Navidad para Carnavalito
   b. El salvamento
   c. La niña fea
   d. El niño que era amigo del demonio

JOYA TRES

EL CUENTO EN HISPANOAMÉRICA:
CETRINAS DE FASCINACIÓN

LECTURA

 A Lea Ud. el siguiente cuento corto. Es de Rubén Darío.

La resurrección de la rosa

miga pasajera: voy a contarle un cuento. Un hombre tenía una rosa; era una rosa que le había brotado del corazón. ¡Imagínese usted si la vería como un tesoro, si la cuidaría con afecto, si sería para él adorable y valiosa la tierna y querida flor! ¡Prodigios de Dios! La rosa era también un pájaro; parlaba dulcemente, y, en veces, su perfume era tan inefable y conmovedor, como si fuera la emanación mágica y dulce de una estrella que tuviera aroma.

Un día, el ángel Azrael pasó por la casa del hombre feliz, y fijó sus pupilas en la flor. La pobrecita tembló y comenzó a padecer y estar triste, porque el ángel Azrael es el pálido e implacable mensajero de la muerte. La flor desfalleciente, ya casi sin aliento y sin vida, llenó de angustia al que en ella miraba su dicha. El hombre se volvió hacia el buen Dios, y le dijo:

—Señor, ¿para qué me quieres quitar la flor que nos diste?

Y brilló en sus ojos una lágrima.

Conmovióse el bondadoso Padre, por virtud de la lágrima paternal, y dijo estas palabras:

—Azrael, deja vivir esa rosa. Toma, si quieres, cualquiera de las de mi jardín azul.

La rosa recobró el encanto de la vida. Y ese día, un astrónomo vio, desde su observatorio, que se apagaba una estrella en el cielo.

EJERCICIO DE COMPRENSIÓN

 A Seleccione la respuesta correcta.

1. ¿A quién relata el autor este cuento corto?
   a. a Dios
   b. a una amiga pasajera
   c. a una flor
   d. al ángel Azrael

2. ¿De dónde había venido la rosa?
- **a.** de un jardín azul
- **b.** del corazón
- **c.** de una planta
- **d.** de un mensajero

3. La rosa era…
- **a.** una maravilla del Señor.
- **b.** un tesoro.
- **c.** una pupila.
- **d.** la muerte.

4. ¿Qué representaba el ángel Azrael?
- **a.** la amiga pasajera
- **b.** el hombre feliz
- **c.** un pájaro que hablaba dulcemente
- **d.** la muerte

5. ¿Qué pidió a Dios el suplicante?
- **a.** una lágrima
- **b.** un mensajero
- **c.** la vida
- **d.** la muerte

6. El hombre vio en la flor su…
- **a.** felicidad.
- **b.** tesoro.
- **c.** angustia.
- **d.** aliento.

7. ¿Qué le ocurrió a la rosa?
- **a.** brilló en los ojos del hombre
- **b.** recobró el encanto de la vida
- **c.** desfalleció
- **d.** se convirtió en una estrella

8. En el jardín azul…
- **a.** crecen las rosas.
- **b.** brillan las lágrimas.
- **c.** lucen las estrellas.
- **d.** hay astrónomos.

9. El apagar de una estrella, según el poeta, indica que…
- **a.** la rosa era también un pájaro.
- **b.** la emanación era mágica y dulce.
- **c.** el ángel era conmovedor.
- **d.** otro cesó de vivir.

VOCABULARIO

A Escoja la palabra correcta de la lista de abajo y escríbala en el blanco correspondiente. Se emplea cada palabra solamente una vez.

engañosos	brotó	confianza
matices	el escultor	cabalgando
engañar	los congresistas	engaño
tapices	osadamente	el congreso
confiaban	osábamos	los brotes
un remate	crucero	abreviar
una cruzada	esculpiendo	mármoles

1. Temía sufrir otro _____ y se puso de acuerdo con vender todo en _____
   1   2
   público.

2. _____ trabajaba en su taller _____ figuras en _____ ,
   3   4   5
   yesos y terracotas.

3. El gabinete, o estuche, estaba decorado de estilo arte *nouveau* con _____ exóticos,
   6

   porcelanas dramáticas y hermosas cortinas sedosas de _____ suaves y hasta desfallecientes.
   7

4. Iban al campo en la primavera cuando _____ comenzaron a aparecer.
   8

5. Por falta de tiempo tuvieron que _____ - _____ internacional.
   9   10

6. Gozaron tanto del _____ Atlántico que _____ que nos gustaría viajar
   11   12
   en el mismo plan turístico.

7. Me da pena _____ a los amigos buenos y de gran _____ .
   13   14

8. _____ una luz brillante de esa cara angelical que me inspiró acercarme a ella
   15

   _____ .
   16

9. El niño se divertía tanto _____ en el juguete que nosotros no _____
   17   18
   interrumpir su alegría juvenil.

10. _____ propusieron _____ de poner fin a los proyectos
    19   20

    _____ .
    21

ESTRUCTURA

Ser y *estar*

A Complete estas ideas con la forma apropiada de *ser* o *estar* en el presente.

1. Ya casados Suzette y Recaredo _____ felices.

2. Los jóvenes _____ contentos en su nueva casita que _____ decorada en estilo exótico

    en la cual todo _____ de muy buen gusto.

3. Recaredo _____ artista y escultor de figuras exóticas, aunque algunas _____ raras y
    hasta feas.

4. La novia joven _____ bella y _____ muy enamorada de su marido.

5. El pájaro, un mirlo que _____ casi siempre en su jaula, _____ muy hablador.

6. Parece que nada _____ capaz de interrumpir la felicidad de ellos.

7. Un día, Recaredo, que lleva una carta con sellos indicando que _____ importante, ve a Suzette

    que _____ dormida, pero él _____ incapaz de guardar la noticia extraordinaria.

8. _____ de su amigo Roberto, que ahora _____ en la China; _____ generoso y

    _____ enviando un regalo que _____ para la boda.

9. _____ una figura de porcelana que después _____ colocada en un gabinete que

    _____ como un altar.

10. Susette _____ celosa de la figura de porcelana y Recaredo _____ perplejo al darse

    cuenta de que ella siempre _____ llorando y que el mirlo no _____ cantando.

11. La pobre _____ frustrada y _____ determinada de librarse de su rival.

12. Cuando la figura ya no _____ en la casa, todo _____ como antes; la joven no

    _____ celosa; el mirlo _____ muy activo; Recaredo _____ feliz otra vez.

B Complete las siguientes ideas en el presente con la forma apropiada de *ser* o *estar*.

1. ¿Dónde _____ los Montes Atlas?

2. Creo que Ud. _____ equivocado. El nombre _____ Antillas.

3. Ésas _____ islas del Mar Caribe. Ésos _____ montes que _____ en África o tal vez, en Turquía.

4. A ver si _____ en este mapa mundial. Sí, _____ en Marruecos, Argelia y Túnez. Dice que _____ bastante altos.

5. ¿Cuál _____ el nombre que los árabes de esa región les ponen?

6. No sé. No _____ escrito en este mapa que _____ muy incompleto.

7. Entonces, esos montes no _____ en el sitio del laberinto del cual _____ imposible escaparse.

8. No, _____ en Arabia. Ese desierto debe _____ inmenso. Todo _____ seco y de noche el aire siempre _____ muy frío.

9. Los beduinos _____ acostumbrados a las condiciones que _____ hóstiles para los que no _____ de esas partes.

C ¿Condiciones variables? Termine en el presente las ideas siguientes con la forma apropiada de *ser* o *estar*.

1. Mi abuela tiene 80 años, pero no _____ vieja sino bastante joven.

2. Todavía _____ muy activa y casi siempre _____ de buen humor.

3. Nunca sé cómo va a aparecer porque _____ vanidosa y se pinta el pelo.

4. A veces _____ rubia o castaña, pero siempre _____ bien arreglada y de buen gusto.

5. Ella _____ interesada en servir y _____ voluntaria cívica.

6. _____ común verla cuando _____ llevando comida caliente a los que _____ enfermos.

7. _____ tutora de niños con problemas, y _____ aficionada al béisbol.

8. _____ inteligente y _____ dispuesta a escuchar mis problemas.

9. En fin, ¡ _____ increíble! Algún día quiero _____ como ella.

D Cambie las frases siguientes a la voz pasiva.

1. Ellos vieron las montañas desde muy lejos.

   Las montañas _____ por los visitantes desde muy lejos.

2. Los árabes construyeron castillos grandes en el desierto.

   Castillos grandes _____ por los árabes en el desierto.

3. Los invitados observaron la ceremonia elegante.

   La ceremonia elegante _____ por los invitados en laboratorios electrónicos.

4. Los niños hicieron sus estudios en laboratorios electrónicos.

   Los estudios _____ por los niños.

5. Pascal perfeccionó la geometría de Euclides.

   La geometría de Euclides _____ por Blas Pascal.

6. La protagonista vendió los muebles en un remate.

   Los muebles _____ en un remate por la protagonista.

COMPOSICIÓN

A Haga usted las dos actividades que siguen:

1. Apunte diez símbolos y diga en una o dos frases completas lo que pueden representar en la literatura. Por ejemplo: La calavera (*skull*): La calavera puede representar la muerte, el veneno o la bandera de un corsario. El color rojo: El color rojo puede representar la sangre, la turbación, el diablo, la pasión, etc.

2. En un breve párrafo, escriba la oración a Dios de una persona moribunda. Incluya en su párrafo por lo menos tres de las palabras siguientes: querer, pedir, lamentar, rogar, bendecir, dar gracias.

JOYA CUATRO

LA CARTA: CORNALINAS DE COMUNICACIÓN

LECTURA

A Lea Ud. la siguiente carta escrita por Abraham Valdelomar, poeta peruano. Mientras estaba en Italia como secretario en la Legación Peruana, escribió esta carta a su madre en Lima.

Roma, 22 de diciembre de 1913

i idolatrada mamacita:

No te puedes imaginar el gusto que me ha dado tu carta del 25, por ella veo que siempre me recuerdas con el mismo cariño de siempre. Sólo tú eres la que nunca se olvida de mí; yo por mi parte ya sabes que donde he estado mi única idea ha sido tú. Ya voy aprendiendo con la dura experiencia lo que es la vida. Cada día que pasa es para mí una nueva lección y estas lecciones que se aprenden lejos de la tierra y de la madre son las que no se olvidan nunca. Yo no sueño sino con volverte a ver lo mismo que a mi viejo y a mis hermanos, pero te digo que cada vez que pienso en que tengo que volver al Perú, a pesar de que extraño tanto el calor de la Patria, sufro. Si no regresara con mi título, no quiero regresar. Dios me escuche y quiera que se cumplan mis deseos que más que por mí los tengo por ti. Mucho me alegro que el artículo que mandé les haya gustado pues les tengo tanto miedo a las gentes de Lima que me parece que nada de lo que hago lo fueran a encontrar bien…

He recibido carta por primera vez de Enrique Bustamante y en ella me dice que por falta de tiempo no me ha escrito, pero que ha hecho todo lo que yo le indicaba en las cartas. Cuando pienso que Enrique que ha sido mi mejor amigo me pudiera ser desleal, me mortifico mucho. Trata de no precipitar las cosas y no darte por entendida de nada porque nada me podría hacer más daño al espíritu que perder a ese amigo. Prefiero no saber si me es desleal que yo seguiré teniéndole el mismo cariño de siempre. Me dice que te llevó veinticinco soles por el artículo pues así lo acordaron en la redacción. De manera que creo que el Héctor habría querido ratearse[1] los cinco soles. Pero como la cosa es muy delicada mejor es que diga la verdad y no que vaya a provocarme un rompimiento con los del periódico por cosas tan pequeñas.

En este momento recibí tu segunda carta y por ella veo que no has recibido carta mía, quién sabe las recibirás juntas. Yo sigo pasando mi vida aquí tranquilamente pues recién el 29 habrá el primer baile al cual voy a asistir. Espero que sea un baile grandioso pues con él se abre la sociedad en este invierno en Roma. Allí conoceré a toda la nobleza romana y al cuerpo diplomático al cual aun no conozco mucho, pues no ha habido ocasión ni fiestas… Yo estoy ahora en las horas que me quedan libres de la Universidad y de mis escritos, aprendiendo la esgrima[2] y no te vayas a reír, el tango argentino, pues aquí no se puede ir a sociedad sin saber bailar, especialmente el tango pues no se baila otra cosa…

Recibí las encomiendas; todo ha llegado bien. Ha venido lo siguiente: cuatro paquetes de chocolate, el libro de Seoane, un costalito de café y una latita de limones. No mandes dulces que se puedan deshacer pues no llegan bien… Lo que pasa con los limones es que la humedad los pone un poco mohosos[3]. Sería bueno cuando los ponen en la caja cerrarla herméticamente y soldar[4] la caja. Así la humedad no les hace daño porque el aire no se renueva.

Recibe, viejecita mía, un abrazo muy fuerte de tu hijo que tanto te extraña y que sólo piensa en que no te tiene a su lado. Cuídate mucho y no olvides a tu hijo.

Abraham

[1] ratearse *share*
[2] esgrima *fencing*
[3] mohoso *mouldy*
[4] soldar *solder, seal tightly*

EJERCICIO DE COMPRENSIÓN

A Seleccione la respuesta correcta.

1. El propósito de esta carta es…

   a. inspirar.

   b. educar.

   c. divertir.

   d. informar.

2. El tono de la carta de Valdelomar es…

   a. íntimo.

   b. profesional.

   c. sarcástico.

   d. político.

3. Valdelomar dice que con la dura experiencia…

   a. va aprendiendo lo que es la vida.

   b. se entera de la deslealtad de los amigos.

   c. aprende la esgrima.

   d. es necesario aprender a bailar el tango.

4. Según Valdelomar, las lecciones que no olvidamos son las de…

   a. la escuela.

   b. los amigos.

   c. la tierra y de la madre.

   d. la Legación Peruana.

5. Valdelomar prefiere…

    a. provocarse un rompimiento con sus amigos.

    b. no hacer caso a cosas pequeñas.

    c. dañar el espíritu con la pérdida de su mejor amigo.

    d. recobrar cinco soles rateados con otro.

6. La sociedad invernal en Roma se inicia…

    a. con bailes y fiestas.

    b. con el cuerpo diplomático.

    c. con las horas que le quedan libres de la Universidad.

    d. con el tango argentino.

7. Recién llegado de su madre en Lima había…

    a. varias cartas que llegaron el mismo día.

    b. una caja de limones mohosos.

    c. un saco de café.

    d. cuatro paquetes de chocolate herméticamente cerrados.

8. El autor extraña mucho…

    a. a los viejos de Lima.

    b. el calor del Perú.

    c. las encomiendas.

    d. a Enrique Bustamante.

9. En su carta Valdelomar se despide…

    a. con pensamientos tristes.

    b. con advertencias.

    c. con recuerdos de su infancia.

    d. con un abrazo muy fuerte.

VOCABULARIO

A Escoja la palabra correcta de la lista de abajo y escríbala en el blanco correspondiente. Se emplea cada palabra solamente una vez.

dio la mano	los vecinos	un besito
brotaron	los despojos	moribundo
una calzada	acogimiento	margaritas
enjugó el llanto	escribía a máquina	un susurro
afán	se sepultó	escritores
la muerte	escritorio	un recuerdo
muestra	la vecindad	la sepultura
dolorosamente	dolorosa	una congoja

1. Se llega a _____ caminando por _____ ancha y
                   1   2
    bien pavimentada con losas grandes.

2. El poeta se quedó en estado _____ y prolongado hasta que le alcanzó
                                        3

    _____ .
        4

3. A la mañana siguiente, los que viven en la casa de al lado, es decir _____ ,
                                      5

    acompañados de numerosos amigos y escritores distinguidos llevaron _____ a
                                        6

    _____ sencilla donde _____ se despidieron de su
               7   8
    amigo, el poeta.

4. _____ al poeta cerca del río donde _____
               9   10

    _____ blancas mezcladas con otras flores bonitas y olorosas.
          11

5. La joven tenía un gran _____ de darme _____ ,
               12   13

    lo que fue para mí un _____ cálido y sincero.
             14

6. Me _____ y me condujo al _____ donde
           15   16

    _____ un relato largo que reflejaba _____ personal
          17   18

    y _____ .
       19

7. Emitió _____ profundo y noté que unas lágrimas salían de los ojos, pero en
          20

    seguida ella _____ y estoicamente cambió el tema de conversación.
              21

8. Es _____ tierno que _____ confianza, amistad
          22   23
    y hasta cariño.

ESTRUCTURA

A **Del presente al pretérito.** Exprese el pretérito de estas acciones terminadas.

1. Yo cierro la puerta.   Yo _____ la puerta.

2. Tú conoces a mi hermana.   Tú _____ a mi hermana.

3. No vemos a los pasajeros.   No _____ a los pasajeros.

4. ¿Cuándo llegáis a México?   ¿Cuándo _____ a México?

5. ¿Quiénes te escriben?   ¿Quiénes te _____?

6. Yo leo cuentos en español.   Yo _____ cuentos en español.

7. El rey muere en la guerra.   El rey _____ en la guerra.

8. No leen bien los anuncios.   No _____ bien los anuncios.

9. Oigo su nuevo éxito.   _____ su nuevo éxito.

10. Un rayo cae en el patio.   Un rayo _____ en el patio.

11. El mesero sirve la carne.   El mesero _____ la carne.

12. Yo duermo ocho horas.   Yo _____ ocho horas.

13. No hacen sus deberes.   No _____ sus deberes.

14. ¿Venís con la pizza?   ¿_____ con la pizza?

15. Todos andan por aquí.   Todos _____ por aquí.

B Exprese estas acciones no terminadas en el imperfecto.

1. Yo lo visito todos los días. Yo lo _____ todos los días.

2. Vivimos es esta casa.   _____ en esta casa.

3. ¿Lees los versos por placer? ¿_____ los versos por placer?

4. Voy allí frecuentemente.   _____ allí frecuentemente.

5. Somos buenos amigos.   _____ buenos amigos.

6. Nos vemos en clase.   Nos _____ en clase.

7. Eres pequeña en la foto.   _____ pequeña en la foto.

8. Van por esa carretera.   _____ por esa carretera.

C **¿Acción terminada o no terminada?** Complete las oraciones con la forma apropiada del verbo indicado.

1. Los jefes _____ a Cortés y lo _____ a conocer a Moctezuma. (saludar, conducir)

2. Esos jefes se _____ de los demás por las prendas ricas de que se _____ . (distinguirse, vestirse)

3. Ellos nos _____ a cenar y nos _____ platos ricos en gran abundancia. (convidar, servir)

4. Yo _____ ganas de saludar a Moctezuma de cerca, pero ellos me _____

    y yo nunca lo _____ . (tener, detener, abrazar)

5. Mientras que nosotros _____ sobre un puente ancho nosotros _____

    todo el valle que _____ hermoso. (ir, ver, ser)

6. _____ un señor que me _____ donde _____ un
    aposento lujosamente decorado. (venir, conducir, haber)

7. Yo _____ dispuesto a cumplir con sus deseos; no me _____ en nada

    porque no _____ defenderme contra tantos indios. (estar, equivocar, poder)

8. Ícaro _____ del laberinto con su padre, pero el hijo _____ tan alto

    que el sol _____ la cera de sus alas y él se _____ al mar. (huir, volar,
    derretir, caer)

9. Muchos me _____ que el pueblo no se _____ para gobernarse; nada

    nos _____ y por fin los enemigos se _____ después de la batalla de
    Carabobo. (advertir, preparar, impedir, rendir)

10. Nancy se _____ , pero a muchos no les _____ la costumbre de silbar.
    (sonreír, gustar)

COMPOSICIÓN

A Seleccione una de las siguientes actividades.

1. Como si fuera Ud. la madre de Valdelomar, conteste su carta e incluya referencias a los siguientes:
   a. su amigo Enrique Bustamante
   b. las encomiendas
   c. la sociedad invernal en Roma
   d. lo que su hijo está aprendiendo en estos días

2. Escriba una carta al redactor de un periódico comentando y dando su opinión personal sobre uno de los siguientes temas:
   a. el uso legal de marijuana
   b. la pena capital
   c. lo que se puede hacer para mejorar la regulación del tráfico en su comunidad
   d. lo que debe ser la posición del gobierno hacia la intervención en conflictos extranjeros
   e. lo que se puede hacer para ayudar a los sin casa ni hogar

3. Escriba un párrafo explicando el refrán español "Carta canta".

JOYA CINCO

LA NOVELA: NEFRITAS DE LA VIDA

LECTURA

 Lea Ud. el siguiente trozo de la novela *Zalacaín el aventurero*.

Zalacaín el aventurero (adaptado de la novela del mismo nombre por Pío Baroja)

 artín de Zalacaín, un chico atrevido, pobre y sin padre, no quería dedicarse al estudio sino a la naturaleza y la acción. Sin tener miedo de nada ni de nadie, desarrolló amistad con Catalina Ohando, una chica aristocrática, amistosa y admirada por todos.

Carlos Ohando, el hijo mayor de doña Agueda, era un muchacho cerril[1], obscuro, tímido y de pasiones violentas. El odio y la envidia se convertían en él verdaderas enfermedades.

A Martín Zalacaín le había odiado desde pequeño; cuando Martín le calentó las costillas[2] al salir de la escuela, el odio de Carlos se convirtió en furor.

Catalina, en vez de ser obscura y cerril como su hermano Carlos, era sonriente, alegre y muy bonita. Cuando iba a la escuela, todas las mujeres del pueblo la acariciaban, las demás chicas querían siempre andar con ella y decían que, a pesar de su posición privilegiada no era nada orgullosa…

Catalina y Martín se encontraban muchas veces y se hablaban; él la veía desde lo alto de la muralla, en el mirador de la casa. Ella siempre estaba oyendo hablar de las calaveradas[3] de Martín.

—Ya está ese diablo ahí en la muralla—decía doña Agueda, …¡Qué demonio de chico! ¡Qué malo es!

Catalina ya sabía que diciendo ese demonio, o ese diablo, se referían a Martín.

Carlos alguna vez le había dicho a su hermana:

—No hables con ese ladrón.

Pero a Catalina no le parecía ningún crimen que Martín cogiera de las frutas de los árboles y se las comiese…

Los Ohandos eran dueños de un jardín próximo al río… Cuando Catalina solía ir allí con la criada a coger flores, Martín las seguía muchas veces y se quedaba a la entrada del lugar.

—Entra si quieres —le decía Catalina.

—Bueno —y Martín entraba y hablaba de sus aventuras, de las barbaridades que iba a hacer…

—¡Más te valía ir a la escuela! —le decía Catalina.

—¡Yo! ¡A la escuela! —exclamaba Martín. —¡Yo me iré a América o me iré a la guerra!

Los sábados por la tarde, durante la primavera y el verano, Catalina y otras chicas del pueblo, en compañía de alguna buena mujer, iban al camposanto con flores…

Muchas veces, en el mes de mayo, cuando pasaban Martín y su tío, el viejo Tellagorri por la orilla del río… llegaban hasta ellos las voces de las niñas que cantaban en el coro.

Escuchaban un momento, y Martín distinguía la voz de Catalina…

—Es Catalina, la de Ohando —decía Martín.

—Si no eres tonto tú, te casarás con ella —replicaba Tellagorri.

Y Martín se echaba de reír.

[1] cerril *surly*
[2] le calentó las costillas *beat him up*
[3] calaveradas *pranks*

EJERCICIO DE COMPRENSIÓN

A Seleccione la respuesta correcta.

1. Martín de Zalacaín era un chico…

   a. temeroso.

   b. dedicado al estudio.

   c. aristocrático.

   d. temerario.

2. La chica con la cual Zalacaín desarrolló amistad…

   a. era cerril y obscura.

   b. sufría de verdaderas enfermedades.

   c. era tímida.

   d. era alegre y sonriente.

3. Carlos Ohando odiaba a Zalacaín porque…

   a. su hermana lo quería.

   b. Martín le había calentado las costillas.

   c. era su vecino.

   d. todas las chicas lo acariciaban.

4. A veces Martín veía a Catalina en el mirador de la casa, es decir, la veía…

   a. en el espejo.

   b. por la ventana.

   c. en el balcón.

   d. con un telescopio.

5. Los de la familia Ohando creían que Martín era…

   a. una calaverada.

   b. un demonio.

   c. un aristócrata.

   d. dueño del jardín.

6. Catalina Ohando solía…

   a. hacer barbaridades.

   b. recoger las frutas de los árboles.

   c. recoger flores de su jardín próximo al río.

   d. ser muy orgullosa.

7. ¿Adónde iban las chicas los sábados?

   a. al cementerio.

   b. a la escuela.

   c. a la orilla del río.

   d. a ver al viejo Tellagorri.

8. El consejo del tío de Martín era que…

   a. cantara en el coro.

   b. se echara de reír.

   c. dejara de hacer calaveradas.

   d. se casara con Catalina.

9. Por nacer en San Sebastián, Pío Baroja…

   a. escribió novelas de las clases bajas.

   b. fue aristócrata.

   c. fue vasco en todo su ser.

   d. usaba el dialecto de los catalanes en todas sus obras.

VOCABULARIO

A Escoja la palabra correcta de la lista de abajo y escríbala en el blanco correspondiente.

armonía	sosegar	un amansador
barbudos	venideros	la doma
abrigarse	la posada	amansar
acercarse	desamparado	amanecieron
barba	el arqueólogo	arqueológicas
la escasez	la armadura	los jinetes

1. Al llegar los intrusos se quedaron atónitos los indios de ver _____ que protegía a
   1
   esos forasteros.

2. Tampoco habían visto antes hombres con tanta _____ porque los indios no son
   2

   _____ .
   3

3. Los turistas aprovechaban la visita a Machu Picchu para contemplar las ruinas _____
   4
   de los Incas.

4. _____ muy temprano para poder _____ al punto de reunión con
   5   6

   _____ de gran renombre que les iba a explicar cómo todo fue construido en
   7

   _____ con la belleza natural.
   8

5. En los años _____ quiero volver a pasar una noche en _____ moderna
   9   10
    y cómoda que se encuentra cerca.

6. A esas alturas es necesario _____ , caminar despacio debido a _____
   11   12
   de oxígeno y gozar de vistas increíbles.

7. En el hato _____ se dedicaban a _____ los potros.
   13   14

8. _____ de esas bestias es difícil y requiere _____ que pueda
   15   16

   _____ al animal que se siente _____ en esa nueva faena.
   17   18

ESTRUCTURA

Expresando el traspaso de tiempo

A **¿Cuánto tiempo hace que…?** Emplee las ideas siguientes para (1) hacer una pregunta y (2) para constestarla con referencia al traspaso de tiempo.

Ejemplo: ¿nos/conocer? (*pretérito*)
¿Cuánto tiempo hace que nos conoce?
(dos años) *Hace dos años que nos conoce.*

1. ¿ellos/salir? (*pretérito*)

    _____

    (tres horas) _____

2. ¿tú/estar enferma? (*presente*)

    _____

    (más de un mes) _____

3. ¿Ud. / no trabajar en esa fábrica? (*presente*)

    _____

    (más de diez años) _____

4. ¿tú / estudiar francés antes de ir a París? (*imperfecto*)

    _____

    _____

    (sólo cinco semestres) _____

    _____

B Convierta las ideas siguientes en preguntas y contéstelas con las respuestas sugeridas entre paréntesis.

1. No (bailarse) ese ritmo en los salones públicos. (muchos años)

    _____

    _____

2. No (cantar) la Gaviota. (un par de años)

    _____

    _____

3. No (conversar) los dueños de los dos hatos. (mucho tiempo)

_____

_____

4. No (montar) tú un caballo tan brioso. (un mínimo de veinte años)

_____

_____

C Emplee las ideas sugeridas en preguntas completas.

¿Cuánto tiempo hacía que…

1. (sufrir) don Quijote antes que Sancho lo (encontrar)?

_____

_____

2. (vivir) Andrea en esa casa cuando su tía (comenzar) a sermonearla?

_____

_____

3. (quemarse) la casa cuando (llegar) los bomberos?

_____

_____

4. (visitar) Pepe Rey cuando su tía (comenzar) a quejarse de sus ideas?

_____

_____

5. (estar) muerto Carnavalito cuando los aldeanos lo (descubrir)?

_____

_____

El tiempo progresivo

D Cambie las ideas expresadas al tiempo progresivo del momento indicado.

Ejemplo: En la foto yo *como* en ese café.
En la foto* estoy comiendo *en ese café.

1. Los niños juegan detrás de la reja.

   Los niños _____ detrás de la reja.

2. Andrea veía por primera vez el carácter de su tía.

   Andrea _____ por primera vez el carácter de su tía.

3. La chica contribuye algo a la abuela.

   La chica _____ algo a la abuela.

4. La tía hace sacrificios para ayudarla.

   La tía _____ sacrificios para ayudarla.

5. Una madre le pide un milagro a Dios.

   Una madre _____ un milagro a Dios.

6. Pronto saldrán de la capilla.

   Pronto _____ de la capilla.

E Empleando otros verbos auxiliares, exprese el gerundio de los verbos indicados.

1. La viuda está _____ un milagro. (pedir)

2. José Arcadio sigue _____ con los vecinos. (reñir)

3. Los gitanos andan _____ con el imán. (divertirse)

4. El soldado estaba _____ delante del pelotón. (morir)

5. La pobre sigue _____ en esa cama pequeña. (dormir)

6. Continuó _____ ruidos extraños desde el taller. (oír)

7. La lluvia estaba _____ durante meses sin cesar. (caer)

8. El andaba _____ en los encantos posibles. (creer)

9. Terminó _____ un laboratorio de alquimia. (construir)

10. Los niños iban _____ los consejos paternales. (seguir)

Los tiempos perfectos

F Escriba los verbos siguientes en el presente perfecto.

1. Yo le _____ que sufría de hambre y sed. (decir)

2. Tú _____ gestos de desprecio. (hacer)

3. Nosotros _____ a este pueblo remoto. (volver)

4. Aunque el ciego nunca me _____ reconoce mi voz. (ver)

5. Con un golpe fuerte el cruel me _____ unos dientes. (romper)

6. Don Quijote no _____ , pero sufre mucho. (morir)

7. Por miedo Sancho _____ bastante lejos. (ponerse)

8. Su escudero le _____ las heridas de aceite. (cubrir)

9. Cervantes _____ esa novela famosa y popular. (escribir)

10. Nosotros _____ las puertas del castillo. (abrir)

11. ¿Le _____ vosotros tales golpes? (devolver)

12. El cocinero nos _____ unas patatas deliciosas. (freír)

El pluscuamperfecto

G Escriba la conversación entre Antonio Sandoval, amigo del amo, y Pajarote, enemigo de Santos, usando el pluscuamperfecto de los verbos. Siga el ejemplo:

> **Ejemplo:** ver al dueño/ pero no conocerlo antes
> **Antonio:** *¿Habías visto al dueño?*
> **Pajarote:** *Lo había visto, pero no lo había conocido antes.*

1. ponerse de acuerdo con el amo/ pero escribir mi renuncia

   Antonio: _____

   Pajarote: No _____

2. volver temprano/ por eso no abrir conversación con él

   Antonio: _____

   Pajarote: No _____

3. devolverle la contabilidad/ porque no prepararla

    Antonio: _____

    Pajarote: No _____

4. decirle tus ideas/porque no querer revelárselas

    Antonio: _____

    Pajarote: No _____

5. hacer amistad con él/ porque comprender que no ser posible

    Antonio: _____

    Pajarote: No _____

6. guardar silencio/ y volver a expresar mis sentimientos

    Antonio: _____

    Pajarote: No _____

7. no saber qué hacer/ por eso decidir salir en seguida

    Antonio: _____

    Pajarote: No _____

8. no pensar tomar posesión del alazano/ porque perder la oportunidad

    Antonio: _____

    Pajarote: No _____

El futuro perfecto y el condicional perfecto

H Exprese estas acciones probables en el futuro perfecto.

1. Cuando llegue el patrón, Pajarote _____ . (salir)

2. Para la visita de Santos a doña Bárbara, ella _____ un verdadero festín en la mesa. (poner)

3. Al ver el documento ella _____ que él prefiere ponerse de acuerdo con ella. (pensar)

4. Ella está enojada porque Santos _____ extender la cerca divisoria. (sugerir)

5. ¿Cómo _____ las relaciones entre Ud. y mi hija que vive «bajo su protección»? (ser)

I Exprese incertidumbre con el futuro perfecto y con el condicional perfecto.

1. ¿Quién llega a esta hora? ¿Quién _____ a esta hora?

2. ¿Quién dice tal infamia? ¿Quién _____ tal infamia?

3. ¿Dónde está esa biblioteca? ¿Dónde _____ esa biblioteca?

4. ¿Por qué cambia el tema? ¿Por qué _____ el tema?

5. ¿Para quién era la carta? ¿Para quién _____ la carta?

6. ¿Cuándo había salido de allí? ¿Cuándo _____ de allí?

7. ¿Cuándo había predicado ese sermón? ¿Cuándo _____ ese sermón?

8. ¿Quién le había ayudado? ¿Quién le _____ ?

COMPOSICIÓN

A Seleccione una de las siguientes actividades:

1. Imagine que Ud. es director de cine y va a poner en escena una película titulada "Zalacaín el aventurero". Prepare Ud. la hoja volante (handbill, flyer) que Ud. va a distribuir anunciando las audiciones. Incluya:
   a. la fecha y la hora de la audición
   b. una descripción de los papeles importantes (Martín, Catalina, Carlos)
   c. las características físicas requeridas para desempeñar cada papel (edad, peso, estatura, etc.)

2. ¿Jamás ha reñido Ud. con un(a) amigo(a), compañero(a) de clase o vecino(a)? ¿Por qué disputaban? ¿Fue una pelea verbal o física? ¿Quién ganó? ¿Qué relación tuvo con su adversario después de luchar? Haga un comentario.

3. En una ocasión Pío Baroja dijo que había escrito sus novelas sin pensar mucho en el público. "Es como trabajar en mi jardín… trato de hacerlo lo más bonito posible, pero no busco la aprobación de nadie". Escriba Ud. una breve composición indicando su opinión sobre la obligación de los novelistas hacia los lectores.

JOYA SEIS

LA POESÍA:
PERLAS DE EMOCIÓN

LECTURA

A Lea los dos poemas que siguen. Los dos se titulan "La Guitarra". Uno fue escrito por Jorge Luis Borges; el otro, por Federico García Lorca, dos luminarios de la literatura española.

La Guitarra de Jorge Luis Borges

He mirado la Pampa
de un patiecito de la calle Sarandí en Buenos Aires.
Cuando entré no la vi. Estaba acurrucada
en lo profundo de una brusca guitarra.
Sólo se desmelenó
al entreverar la diestra las cuerdas.
No sé lo que azuzaban;
a lo mejor fue un triste del Norte
pero yo vi la Pampa.
Vi muchas brazadas de cielo
sobre un manojito de pasto.
Vi una loma que arrinconan
quietas distancias
mientras leguas y leguas
caen desde lo alto.
Vi el campo donde cabe
Dios sin haber de inclinarse,
vi el único lugar de la tierra
donde puede caminar Dios a sus anchas.
Vi la Pampa cansada
que antes horrorizaron los malones
y hoy apaciguan en quietud maciza las parvas.
De un tirón vi todo eso
mientras se desesperaban las cuerdas
en un compás tan zarandeado como éste.
(La vi también a ella
cuyo recuerdo aguarda en toda música.)
Hasta que en brusco cataclismo
se allanó la guitarra encabritada
y estrújome el silencio
y hurañamente volvió el vivir a estancarse.

La Guitarra de Federico García Lorca

Empieza el llanto
de la guitarra.
Se rompen las copas
de la madrugada.
Empieza el llanto
de la guitarra.
Es inútil callarla,
Es imposible
callarla.
Llora monótona
como llora el agua,
como llora el viento
sobre la nevada.
Es imposible
callarla.
Llora por cosas
lejanas.
Arena del Sur caliente
que pide camelias blancas.
Llora flecha sin blanco,
la tarde sin mañana,
y el primer pájaro muerto
sobre la rama.
¡Oh guitarra!
Corazón malherido
por cinco espadas.

EJERCICIO DE COMPRENSIÓN

A Seleccione la respuesta correcta.

1. Por medio de la música de la guitarra Borges ve…

    a. una calle en Buenos Aires.

    b. la Pampa de su querida Argentina.

    c. a uno entreverando la guitarra.

    d. a Dios caminando a sus anchas.

2. Según Lorca, la música de la guitarra es…

    a. triste y melancólica.

    b. viva y alegre.

    c. callada.

    d. como agua dulce.

3. La Pampa en el poema de Borges es…

    a. el único lugar de la tierra.

    b. donde todavía hay ataques por los indios.

    c. un patiecito de la calle Sarandí.

    d. donde puede caminar Dios a su voluntad.

4. La guitarra de Lorca llorando monótona como llora el agua y como llora el viento sobre la nevada es un ejemplo de…

    a. similes.

    b. metáforas.

    c. aliteración.

    d. personificación.

5. El término literario que mejor describe los dos poemas es…

    a. versos alejandrinos.

    b. soneto.

    c. octosílabos.

    d. verso suelto.

6. Los dos poemas…

    a. evocan recuerdos de la Argentina.

    b. indican cómo se debe tocar la guitarra.

    c. tratan de un amor perdido.

    d. hacen surgir memorias personales de los poetas.

7. Lorca dice que es imposible callar la guitarra porque…

    a. es monótona.

    b. la música llora por cosas lejanas.

    c. tiene cinco cuerdas.

    d. alguien siempre está tocándola.

VOCABULARIO

A Escoja una palabra de esta lista y escríbala en el blanco apropiado.

echarle las esposas	la senectud
bravío	las tapias
hidalgos	tupidas madreselvas
desaliñar	dan pecho
cuajadas de rocío	refrenar
las mariposas	morada mezquina
hombres de prestar	tormentas
enemigo navío	riela
las golondrinas	fenecer
bajel	los necios
es de sí señor	gime

1. El jardín primaveral está poblado de _____ que cubren
   ₁

   _____ , y por estar _____ ofrecen néctar sabroso
   2   3

   a _____ y a muchos insectos.
   4

2. _____ vuelan locamente sin _____ el vuelo.
   5   6

3. El dinero tanto engaña a _____ que se consideran
   7

   _____ u _____ .
   8   9

4. Al que no _____ las autoridades pueden _____ ,
   10   11

   llevarlo a la prisión y así _____ su vida y la de su familia.
   12

5. Los poetas expresan ideas inspirativas de la última etapa de nuestros años, o

   _____ , indicando que es menester preparnos para pasar por esta
   13

   _____ respetado y _____ honrados y tranquilos
   14   15

   en el seno de la familia.

6. El pirata, navegando en su _____ , goza de ver la luna que en el mar
   16

   _____ , y de oír el viento que _____ en la lona
   17   18

   sin temor del _____ , ni de _____ .
   19   20

7. En el mar _____ nadie les impone leyes; en la playa todos sienten su derecho
   21

   y _____ a su valor.
   22

ESTRUCTURA

Por y para

A Complete las ideas siguientes con *por* o *para*.

Querida Prima,

1. Aquí hace mucho calor _____ el primero de enero.

2. No soy aficionada de fútbol, pero voy _____ complacer a mi familia.

3. Cuando íbamos _____ el estadio en la camioneta, pensaba en ti.

4. Queríamos llegar temprano _____ ver el inicio del partido.

5. Me gusta ver el «show» presentado _____ esa banda extraordinaria.

6. Urge que todos estén allí temprano _____ encontrar buenas plazas.

7. Mi marido se encargó de comprar las entradas _____ todos los de nuestra «pandilla».

8. Yo pensaba tener fondos _____ comprar una camiseta con emblema.

9. ¡Los vendedores pedían hasta $30.00 _____ cada una!

10. ¡Ese precio representa un incremento de cien _____ ciento!

11. Decidí posponer tal compra _____ otro día y las ventas especiales.

12.–13. Cuando iba _____ bebidas y nachos pasé _____ un corredor estrecho.

14. Oí el gritó: «¡Ratero!» y alguien me agarró _____ el brazo.

15.–16.–17. Corrí _____ recuperar mi cartera que había comprado _____ el poco dinero que había

recibido _____ la Navidad.

18. _____ ser tan pequeño el delincuente era muy fuerte y rápido.

19.–20. Ese ladrón fue detenido _____ un guardia que pasaba _____ allí.

21. Estuve con los policías _____ más de una hora.

22. Después me dieron las gracias _____ haber cooperado en la pesquisa de ese criminal.

23. Regresé con mi grupo y descubrí que me buscaban _____ todas partes.

24. Perdí mucho del partido _____ haber estado con la policía.

25.–26. En casa _____ calmarme de tanta emoción comencé a preparar una tortilla española

_____ servir más tarde.

27. Desgraciadamente, salió mucho humo _____ toda la cocina.

28.–29. Los bomberos vinieron _____ sofocar las llamas del fuego y _____ asegurarse que no había peligro.

30.–32. Unos días después _____ escaparnos de tanta confusión y desorden, optamos _____ ir a Nueva Orleáns _____ el Mardi Gras.

33. Los constructores arreglarán la cocina _____ esas fechas.

34. Regresaremos _____ asistir a la boda de una sobrina.

35. Hemos comprado un regalo especial _____ los novios.

36.–37. Es una pintura hecha _____ un artista conocido _____ aquí.

38.–40. También les compré un regalo _____ mi madre que está muy débil _____ haber tenido la gripe _____ más de dos semanas.

41. 42. Ayer, en el mercado vi a Lucha que preguntó _____ ti. Te manda saludos. Va a llamarte _____ teléfono — ¿qué lleva en su bolso?

43. 44. Gracias _____ la tarjeta que mandaste _____ mi cumpleaños.

45.–49. ¡ _____ Dios! ¡Qué rápido pasa el tiempo y me quedan cuatro cartas más _____ escribir! _____ llegar pronto, te mando ésta carta _____ FAX. Escribe pronto _____ favor.

50. Besos y abrazos _____ todos,

Lola

COMPOSICIÓN

A Escoja una de las siguientes actividades:

1. Escriba un párrafo en el cual Ud. explica el tipo de música que Ud. prefiere y el efecto que esa música le produce cuando la oye.

2. Los españoles elogian a Andrés Segovia, guitarrista de renombre. Seleccione a un músico a quien Ud. admira, y escriba una breve composición explicando por qué.

3. Se dice que la música tiene poder para calmar la fiera. Escriba un párrafo dando una interpretación de este dicho.

4. Prepare una composición comparando o contrastando los dos poemas titulados "La Guitarra" que acaba de leer. ¿Qué memorias personales evoca la música de la guitarra en cada autor?

JOYA SIETE

LA BIOGRAFÍA: BERILOS DE INSPIRACIÓN CREATIVA

LECTURA

Pancho Villa en la Cruz por Martín Luis Guzmán

 espués de mandar por telégrafo órdenes de matar a 160 soldados enemigos que se habían rendido, el General Villa se puso inquieto y preguntó al periodista/historiador y a un oficial suyo sus opiniones de la orden. Temerosos, se atrevieron a expresarse.

Cuando el telegrafista hubo acabado la transmisión del mensaje, Villa, ya más tranquilo, se fue a sentar en el sillón próximo al escritorio. Súbitamente se volvió Villa hacia mí y me dijo:

—¿Y a usté qué le parece todo esto, amigo?

Dominado por el temor, dije vacilante:

—¿A mí, general?

—Sí, amiguito, a usté.

Entonces, acorralado, pero resuelto a usar el lenguaje de los hombres, respondí ambiguo.

—Pues que van a sobrar muchos sombreros, general.

—¡Bah! ¡A quién se lo dice! Pero no es eso lo que le pregunto, sino las consecuencias. ¿Cree usté que esté bien, o mal esto de la fusilada?

Llorente, más intrépido, se me adelantó:

—A mí, general —dijo—, si he de serle franco, no me parece bien la orden.

Yo cerré los ojos. Estaba seguro de que Villa, levantándose del asiento iba a sacar la pistola para castigar tamaña reprobación de su conducta en algo que le llegaba tanto al alma. Pero pasaron varios segundos, y al cabo de ellos sólo oí que Villa, preguntaba con voz cuya calma se oponía extrañamente a la tempestad de poco antes:

—A ver: dígame por qué no le parece bien mi orden.

Llorente estaba pálido. No obstante, respondió con firmeza:

—Porque el mensaje dice, general, que los ciento sesenta hombres se rindieron.

—Sí. ¿Y qué?

—Que cogidos así, no se les debe matar.

—Y ¿por qué?

—Por eso mismo, general: porque se han rendido.

—¡Ah, qué amigo éste! ¡Pos sí que me cae en gracia! ¿Dónde le enseñaron esas cosas?

La vergüenza de mi silencio me abrumaba. No pude más. Intervine:

—Yo —dije— creo lo mismo, general. Me parece que Llorente tiene razón.

—Y ¿por qué le parece eso, amigo?

—Ya lo explicó Llorente: porque los hombres se rindieron.

—Y vuelvo a decirle: ¿eso qué?

De fuera a dentro sentía yo el peso de la mirada fría y cruel, y de dentro a fuera, el impulso inexplicable donde se clavaban, las visiones de remotos fusilamientos en masa. Era urgente dar con una fórmula certera e inteligible. Intentándolo, expliqué:

—El que se rinde, general, renuncia a morir matando. Y siendo así, el que acepta la rendición queda obligado a no condenar a muerte.

Villa se detuvo entonces a contemplarme de hito en hito[1]. Luego se puso en pie de un salto y le dijo al telegrafista, gritando casi:

—Oiga, amigo; llame otra vez, llame otra vez…

El telegrafista obedeció:

" Tic-tic, tiqui; tic-tic, tiqui…"

Pasaron unos cuantos segundos. Villa interrogó impaciente:

—¿Le contestan?

—Estoy llamando, mi general.

Llorente y yo nos acercamos también a la mesa de los aparatos.

Volvió Villa a preguntar:

—¿Le contestan?

—Todavía no, mi general.

—Llame más fuerte.

No podía el telegrafista llamar más fuerte ni más suave; pero se notó, en la contracción de los dedos, que procuraba hacer más fina, más clara, más exacta la fisonomía de las letras. Hubo un breve silencio, y a poco brotó el tiqui-tiqui del aparato receptor.

—Ya están respondiendo —dijo el telegrafista.

—Bueno, amigo, bueno. Transmita, pues, sin perder tiempo, lo que voy a decirle. Fíjese bien: "Suspenda fusilamiento prisioneros hasta nueva orden. El general Francisco Villa…."

"Tic, tiqui; tic, tiqui…"

—¿Ya?

— Ya, mi general.

—Ahora diga al telegrafista de allá que estoy aquí junto al aparato esperando la respuesta, y que lo hago responsable de la menor tardanza.

" Tiqui, tiqui, tic-tic, tiqui-tic, tic…"

—¿Ya?

—Ya, mi general.

El aparato receptor sonó: "Tic, tiqui-tiqui, tic, tiqui…"

—¿Qué dice?

—Que va él mismo a entregar el telegrama y a traer la respuesta.

Los tres nos quedamos en pie junto a la mesa del telégrafo. Villa extrañamente inquieto; Llorente y yo enervados por la ansiedad. Pasaron diez minutos.

"Tic-tiqui, tic, tiqui-tic…"

—¿Ya le responde?

—No es él, mi general. Llama otra oficina…

Villa sacó el reloj y preguntó:

—¿Cuánto tiempo hace que telegrafiamos la primera orden?

—Unos veinticinco minutos, mi general.

Volviéndose entonces hacia mí, me dijo Villa, no sé por qué a mí precisamente,

—¿Llegará a tiempo la contraorden? ¿Usted qué cree?

—Espero que sí, general.

Iba acentuándose por momentos, en la voz de Villa, una vibración que hasta entonces nunca le había oído cada vez que él preguntaba si los tiqui-tiquis eran respuesta a la contraorden. Tenía fijos los ojos en el aparato receptor, y, en cuanto éste iniciaba el menor movimiento, decía:

—¿Es él?

—No, mi general. Habla otro.

Veinte minutos habían pasado desde el envío de la contraorden cuando el telegrafista contestó al fin:

—Ahora están llamando—. Y cogió el lápiz.

"Tic, tic, tiqui…"

Villa se inclinó más sobre la mesa. Yo fui a situarme junto al telegrafista para ir leyendo para mí lo que éste escribía.

"Tiqui-tic-tiqui, tiqui-tiqui…"

A la tercera línea, Villa no pudo dominar su impaciencia y me preguntó:

—¿Llegó a tiempo la contraorden?

Yo, sin apartar los ojos de lo que el telegrafista escribía, hice con la cabeza señales de que sí, lo cual confirmé en seguida de palabra.

Villa sacó su pañuelo y se lo pasó por la frente para enjugarse el sudor.

* * * * *

Ya bien entrada la noche, Villa nos dijo, sin entrar en explicaciones:

—Y muchas gracias, amigos, muchas gracias por lo del telegrama, por lo de los prisioneros.

[1] **de hito en hito** de cabeza *a pie*

EJERCICIO DE COMPRENSIÓN

A Seleccione la respuesta correcta.

1. La escena descrita en la lectura tuvo lugar durante…

    a. la Guerra Civil Española.

    b. la Segunda Guerra Mundial.

    c. la conquista del Nuevo Mundo.

    d. la Revolución Mexicana.

2. Aunque el bandido Villa había fusilado a tantos, en esta lectura parece que…

    a. quería matar también al periodista/historiador.

    b. se preocupaba por la responsabilidad de su posición.

    c. estaba temeroso.

    d. buscaba manera de salvar a los soldados condenados.

3. Contemplando la orden de Villa, uno de los entrevistados sugiere que…

    a. era necesario para la gloria de la Patria.

    b. sería prudente llevarla a cabo en seguida.

    c. van a sobrar muchos sombreros.

    d. esto de la fusilada está bien.

4. No se debe matar a los prisioneros porque…

    a. eran del mismo partido.

    b. los soldados se habían rendido.

    c. está subiendo el número de muertos.

    d. no le cae en gracia a nadie.

5. Llorente es…

    a. el periodista con quien habla Villa.

    b. el telegrafista que hizo la transmisión del mensaje.

    c. un oficial en el ejército de Villa.

    d. el que tenía que fusilar a los prisioneros.

6. Los que se rinden…

    a. renuncian a morir matando.

    b. están obligados a condenar a muerte.

    c. tienen que morir en masa.

    d. dan con una fórmula certera e inteligible.

7. "Tiqui-tiqui" representa…

    a. el mote del que hizo la trasmisión.

    b. el sonido del aparato receptor.

    c. la respuesta a la contraorden.

    d. los nervios del telegrafista.

8. Todos esperaban que…

    a. los soldados murieran.

    b. llegara a tiempo la respuesta a la contraorden.

    c. Villa tuviera conciencia.

    d. se enjugara el sudor.

VOCABULARIO

A Escoja una palabra que mejor exprese la idea y escriba la letra en el blanco.

1. Mi abuelo quería celebrar su _____ en casa con amigos y familiares.
   a. ingenio
   b. onomástico
   c. chasco
   d. cavadura

2. Sor Juana temía ser considerada _____ si no aprendiera cuanto posible.
   a. fragua
   b. empeñara
   c. jaspeada
   d. ruda

3. Los _____ no se dedican a estudiar ni a trabajar para gozar mejor vida.
   a. ociosos
   b. listos
   c. insólitos
   d. ingeniosos

4. Márquez soñó que su funeral era _____ alegre con amigos entrañables.
   a. una burla
   b. una parranda
   c. una cavadura
   d. une celada

5. Le nombraron _____ de estudios lingüísticos en la universidad.
   a. insólito
   b. azaroso
   c. catedrático
   d. sosegado

6. La maestra cedió a _____ de la niña graciosa e insistente.
   a. los donaires
   b. la cofia
   c. las burlas
   d. la borrasca

7. Los niños ofrecieron guardar las notas valiosas en _____ .
   a. sus burlas
   b. sus trazos
   c. la fragua
   d. sus morrales

8. Sin saber qué hacer, anda _____ .
   a. del timbo al tambo
   b. en el austral
   c. en la ajena
   d. con el brazo caliente

9. Tuvo gran éxito como escritor de _____ de cine.
   a. redundancias ociosas
   b. la solución final
   c. guiones
   d. peregrinaje

10. Siendo niño fascinado por la naturaleza, le gustaban _____ .
    a. los desperfectos
    b. los escarabajos
    c. las tarjetas postales
    d. los nidos destruidos

11. Juana no quería _____ , pero se dio cuenta de la necesidad de hacerlo.
    a. la madrastra
    b. el baúl
    c. compartir un obsequio
    d. sujetar la cerviz

12. Neruda recordaba lo frío de su tierra debido a _____ penetrantes.
    a. los paisajes
    b. las rachas
    c. los afeites
    d. las cubetas

13. El nido contenía pequeños huevos _____ .
    a. desdeñosos
    b. destartelados
    c. jaspeados
    d. deslumbrantes

14. Era difícil entender los discursos porque el evento era muy _____ .
    a. concurrido
    b. empantanado
    c. minúsculo
    d. desteñido

15. En el futuro mantendrá bien _____ sus notas y papeles.
    a. rotos
    b. despreciados
    c. criticados
    d. archivados

16. El funeral de Alfonsina fue una de los más _____ de la época moderna.
    a. cavernosos
    b. concurridos
    c. entrenados
    d. ociosos

17. Él se mofó de los concurrentes y la ceremonia resultó _____ .
    a. un chasco
    b. un docto
    c. desmontada
    d. rigorosa

B **Sinónimos.** Escriba la letra del sínonimo en el blanco.

1. _____ mochilas   **a.** solitario

2. _____ barricas   **b.** excavación

3. _____ escabullir   **c.** tranquilo

4. _____ soliloquio   **d.** iniciar

5. _____ meritorio   **e.** morrales

6. _____ egresar   **f.** revolucionaria

7. _____ cavadura   **g.** barriles

8. _____ sosegado   **h.** digno

9. _____ jacobina   **i.** librarse, escaparse

10. _____ inaugurar   **j.** graduarse

ESTRUCTURA

A **Mandatos formales.** Convierta estas ideas en mandatos formales afirmativos y negativos.

1. Juana escribe su respuesta al arzobispo.

_____

_____

2. Se preocupa de su futuro.

_____

_____

3. Contesta las acusaciones del prelado.

_____

_____

4. Dice que prefiere la vida claustrada.

_____

_____

5. Es sincera y cortés.

_____

_____

6. Va a clases con su hermana.

_____

_____

7. Uds. hacen estudios extras.

_____

_____

8. Pone sus esperanzas en ese señor.

_____

_____

B Construya oraciones de las varias columnas según los números indicados.

Ejemplo: 1-1-1-1 *Yo dudo que Ud. vaya al merendero.*

(A)	(B)	(C)	(D)
1 yo	1 dudar que	1 usted	1 ir al merendero
2 el hombre	2 esperar que	2 los primos	2 conocer a los vecinos
3 nosotros	3 no creer que	3 yo	3 sacar fotografías
4 tú	4 sentir que	4 nosotros	4 ganar el premio
5 ella	5 no dudar que	5 el escritor	5 hacer lo necesario

a. 1-1-2-5 _____

b. 3-3-1-4 _____

c. 4-5-3-3 _____

d. 5-2-4-2 _____

e. 2-4-5-1 _____

f. 1-2-1-1 _____

g. 2-3-2-2 _____

h. 3-4-5-3 _____

i. 4-5-3-4 _____

j. 5-1-4-5 _____

C Complete las ideas con el verbo indicado. Note bien el verbo de la primera cláusula.

1. Es importante que Ud. _____ la grabadora. (traer)

2. Yo quiero que tú _____ la respuesta. (escribir)

3. Urge que nosotros _____ esa pintura. (ver)

4. Es importante que yo le _____ mi historia. (decir)

5. Tú dudas que nosotros _____ el peligro. (comprender)

6. Queremos que los profesores _____ lo que ha escrito. (leer)

7. Urge que nosotros _____ este estudio. (concluir)

8. Nosotros dudamos que ellos _____ mañana. (salir)

9. Me alegro de que ella _____ el premio. (haber ganar)

10. Él duda que yo _____ a visitarla. (ir)

11. ¿Por qué quieres que ellos _____ ese sermón vengativo? (oír)

12. Creemos que tú _____ mucha suerte. (tener)

13. Es necesario que ellos _____ temprano mañana. (venir)

14. Es probable que la porcelana _____ miles de pesetas. (valer)

15. Machado quiere que todos _____ Castilla. (conocer)

16. Ellos dudan que ella _____ la dirección. (saber)

17. El policía demanda que él _____ las manos en alto. (poner)

18. Nos alegramos de que ellos le _____ el premio al niño. (dar)

19. Siento que ella no _____ acompañarnos. (poder)

20. Los argentinos no quieren que Alfonsina _____ olvidada. (ser)

D **El subjuntivo en cláusulas adverbiales.** Convierta estas ideas concretas en ideas no realizadas todavía.

1. Siempre me quedo en casa hasta que Carlo me llama.

   Mañana me quedaré en casa hasta que Carlo me _____ .

2. Trabajamos mucho antes de salir para comer.

   Trabajaremos mucho antes de que Paco _____ para comer.

3. Le presto el dinero porque sé que me pagará pronto.

   Le prestaré el dinero con tal que me _____ pronto.

4. Siempre te llamo cuando Papá llega a casa.

   Más tarde te llamaré cuando Papá _____ a casa.

5. No voy si no exhiben esa película.

   No iré a menos que _____ esa película.

6. Vienen aquí para practicar.

   Vienen aquí para que nosotros _____ .

7. Van a salir sin hacer las obligaciones.

   Van a salir sin que nosotros _____ las obligaciones.

8. Se lo dirán después de producir buenos resultados.

   Se lo dirán después de que yo _____ buenos resultados.

E **El subjuntivo en cláusulas de adjetivos.** Complete las ideas con el subjuntivo del verbo indicado.

1. Busco un coche que no _____ mucho. (costar)

2. Vamos a un país donde no _____ terroristas. (haber)

3. Necesitan un préstamo que no _____ réditos exagerados. (requerer)

4. No hay nada en esta mesa que nosotros _____ comer. (poder)

5. ¿Hay alguien aquí que yo no _____ todavía? (conocer)

6. ¿Dónde encuentro un mecánico que me _____ ? (ayudar)

7. No hay nadie que _____ lo que vale. (pagar)

8. Voy a un café que _____ comida italiana. (servir)

F **Concordancia de tiempos.** Exprese el verbo entre paréntesis, según el tiempo de la cláusula principal.

1. Ahora ellos quieren que yo _____ con ella. (ir)

   Ayer ellos no querían que yo _____ con ella.

2. Hoy es difícil que todos _____ los resultados. (saber)

   Dijo que sería difícil que todos _____ los resultados.

3. Es posible que los políticos _____ el problema. (resolver)

   Fue imposible que los políticos _____ el problema.

4. El jefe teme que ellos _____ . (haber salir)

   El jefe temía que ellos _____ .

5. No creo que ella _____ . (haber desaparecer)

   No creía que ella _____ .

G Exprese las ideas siguientes de acuerdo con los tiempos verbales apropiados.

1. Si ellos van, no me lo han dicho.

   Si ellos _____ , no me lo habrían dicho.

2. Si me lo dices, yo te creo.

   Si me lo hubieras dicho, yo te _____ .

3. Si Paco vuelve, lo ves.

   Si Paco hubiera vuelto, lo _____ .

4. Si encuentra las notas, escribe en seguida.

   Si _____ las notas, habría escrito en seguida.

5. Si llueve, no podemos ir.

   Si hubiera llovido, no _____ ir.

COMPOSICIÓN

A Seleccione dos de las siguientes actividades:

1. En las obras de Neruda hay una perspectiva humanitaria. Neruda mira a sus alrededores para observar con interés humanitario los rasgos espirituales de la vida. En una breve composición, relacione esta observación con *Confieso que he vivido*.

2. Algunas de las obras de Gabriel García Márquez revelan las fuerzas políticas que funcionan en pequeñas comunidades. Irónicamente, mientras pinta la incorporación del poder en la sociedad latinoamericana, sus palabras subvierten esta imagen al subrayar la impotencia de los poderosos. Escriba Ud. un comentario.

3. El coronel Aureliano Buendía es un viejo senil que ha perdido de vista la realidad y ya no puede distinguir entre el pasado, el presente y el futuro. ¿Qué opina Ud.?

4. Márquez mezcla lo real y lo fantástico de tal manera que las ocurrencias más comunes asumen proporciones mágicas mientras que lo imposible y lo improbable parecen perfectamente creíbles. Relacione esta observación con la obra de Márquez que ha leído.

5. En un pequeño párrafo, escriba el mensaje transmitido por telégrafo como respuesta a la contraorden de Villa.

6. En una breve composición diga por qué o por qué no le gustaría vivir en un lugar como Macondo. Mencione las cosas que caracterizan una "buena" comunidad.

JOYA OCHO

EL ENSAYO: ESMERALDAS DE PENSAMIENTO

LECTURA

 Lea el siguiente ensayo escrito por Antonio Machado. (Nota: Juan de Mairena es un personaje ficticio, discípulo de Abel Martín, otro personaje ficticio, expresando un aspecto del carácter de Machado.)

Contra la educación física, siempre he sido por Antonio Machado

ejemos a un lado a los antiguos griegos, de cuyos gimnasios hablaremos otro día. Vengamos a lo de hoy. *No hay que educar físicamente a nadie.* Os lo dice un profesor de Gimnasia.

Sabido es que Juan de Mairena era, oficialmente, profesor de Gimnasia, y que sus clases de Retórica, gratuitas y voluntarias, se daban al margen del programa oficial del Instituto en que prestaba sus servicios.

Para crear hábitos saludables—añadía—, que nos acompañen toda la vida, no hay peor camino que el de la gimnasia y los deportes, que son ejercicios mecanizados, en cierto sentido abstractos, desintegrados tanto de la vida animal como de la ciudadana. Aun suponiendo que estos ejercicios sean saludables—y es mucho suponer—, nunca han de sernos de gran provecho, porque no es fácil que nos acompañen sino durante algunos años de nuestra efímera existencia. Si lográsemos, en cambio, despertar en el niño el amor a la naturaleza, que se deleita en contemplarla, o la curiosidad por ella, que se empeña en observarla y conocerla, tendríamos más tarde hombres maduros y ancianos venerables, capaces de atravesar la sierra de Guadarrama en los días más crudos del invierno, ya por deseo de recrearse en el espectáculo de los pinos y de los montes, ya movidos por el afán científico de estudiar la estructura y composición de las piedras o de encontrar una nueva especie de lagartijas[1].

Todo deporte, en cambio, es trabajo estéril, cuando no juego estúpido. Y esto se verá claramente cuando una ola de ñoñez[2] y de americanismo invada a nuestra vieja Europa.

Se diría que Juan de Mairena había conocido a nuestro gran don Miguel de Unamuno, tan antideportivo, como nosotros lo conocemos: *iam senior, sed cruda deo viridisque senectus*[3], o que habíavisto al insigne Bolívar[4], cazando saltamontes[5] a sus setenta años, con general asombro de las águilas, los buitres y los alcotanes[6] de la cordillera carpetovetónica[7].

[1] largatijas *small lizards*
[2] ñoñez *senilidad*
[3] iam senior… senectus *now old, but it is the lusty and vigorous old age of a God, from Aeneas of Virgil*
[4] Bolívar *Ignacio Bolívar y Urrutia, Spanish entomologist, born in 1850*
[5] saltamontes *grasshoppers*
[6] alcotanes aves de rapiña (*birds of prey*)
[7] carpetovetónica *mountain range in central Spain*

EJERCICIO DE COMPRENSIÓN

A Seleccione la respuesta correcta.

1. Las ideas promulgadas en este ensayo son, en efecto, ideas de…
   a. Juan de Mairena.
   b. Abel Martín.
   c. Antonio Machado.
   d. un profesor de Gimnasia.

2. Según el ensayista, los deportes son…
   a. ejercicios mecanizados.
   b. para los animales.
   c. de gran provecho.
   d. un tipo de amor a la naturaleza.

3. Los niños logran ser maduros si despertamos en ellos…
   a. el deseo de ser gimnastas.
   b. el deseo de acompañarnos durante algunos años de nuestra efímera existencia.
   c. afición hacia los deportes.
   d. la curiosidad y el amor a la naturaleza.

4. Los ancianos físicamente capaces de atravesar montañas lo hacen…
   a. para estar solos entre los pinos.
   b. tal vez movidos por el afán científico de estudiar las piedras.
   c. porque es trabajo estéril.
   d. porque es una ola de ñoñez.

5. Según los detalles en el ensayo, ¿a quién había conocido el ficticio Juan de Mairena?
   a. Simón Bolívar
   b. Miguel de Unamuno
   c. Antonio Machado
   d. un profesor de gimnasia

6. "Antideportivo" quiere decir que uno…
   a. quiere participar en los deportes antes que hacer otra actividad.
   b. está contra los deportes.
   c. es aficionado a los deportes.
   d. quiere educar físicamente a todos.

VOCABULARIO

A Escoja la palabra que mejor complete la idea y escriba la letra en el blanco.

1. Sufrió heridas dolorosas al caerse en una planta _____ .
   - **a.** cautelosa
   - **b.** espinosa
   - **c.** modesta
   - **d.** precipitosa

2. Ese _____ pronunció tonterías dejando a todos estupefactos.
   - **a.** menguado
   - **b.** duplicado
   - **c.** archivado
   - **d.** aplicado

3. El músico asombró a los críticos y al público con sus talentos _____ .
   - **a.** batacazos
   - **b.** estériles
   - **c.** saludables
   - **d.** deslumbrantes

4. Entró furioso con señas de _____ su ira sobre los presentes.
   - **a.** descargar
   - **b.** animar
   - **c.** suavizar
   - **d.** eliminar

5. Fastidió al público cuando declamó versos largos y _____ .
   - **a.** apetetibles
   - **b.** fascinantes
   - **c.** pesarosos
   - **d.** inteligentes

6. Sus teorías _____ me fascinan.
   - **a.** peritas
   - **b.** resinas
   - **c.** resbaladizas
   - **d.** verosímiles

7. Dio _____ jovial al ver esa foto ridícula.
   - **a.** una incuria
   - **b.** una carcajada
   - **c.** una mediana
   - **d.** un pregón

8. No le hagas caso porque procura insultarnos con _____ .
   - **a.** ese potaje
   - **b.** el saltamontes
   - **c.** sus disparates
   - **d.** el marchante

9. Cayó mal herido al recibir _____ de su rival.
   - **a.** la mecha
   - **b.** ese batacazo
   - **c.** las regalías
   - **d.** los despojos

10. Tiene carácter _____ y sumamente difícil en el trato.
    - **a.** arisco
    - **b.** cuadrado
    - **c.** saltamontes
    - **d.** mecanizado

11. Teme las burlas de sus cuates si _____ .
    - **a.** se distrae
    - **b.** se marcha
    - **c.** se raja
    - **d.** se capacita

12. Que no es constante es evidente en _____ .
    - **a.** cada oleaje
    - **b.** soñar
    - **c.** los días más crudos
    - **d.** sus melindres

ESTRUCTURA

A Combine las dos ideas siguientes con el pronombre relativo *que*.

Julio Camba viajaba mucho. Era un periodista satírico.
Julio Camba, que era un periodista satírico, viajaba mucho.
Julio Camba era un periodista satírico que viajaba mucho.

1. Camba se mofaba de la peluquería americana. Era mecánica y rápida.

   _____

   _____

2. El último suplicio le queda al final. Consiste en pagar a esa multitud.

   _____

   _____

   _____

3. El español es muy diferente de otras nacionalidades. No sabe sonreír.

   _____

   _____

4. La idea tiene mucho mérito. Puede hacerle rico a un empresario.

   _____

   _____

5. Las canciones son dulcísimas. La madre mexicana canta a su hijo.

   _____

   _____

6. Unamuno era ensayista atrevido y valiente. Atacó toda forma de represión.

   _____

   _____

B Convierte estas ideas en preguntas, empleando *quién* o *quiénes*.

1. Hablan de los ingenieros de los rascacielos americanos.

   _____

2. Al entrar, le quitan la chaqueta y el sombrero.

   _____

   _____

3. Piensa invertir dinero en una academia extraordinaria con empresarios ricos.

   _____

   _____

4. La mujer mexicana no vuelve sus ojos a las mujeres locas del siglo.

   _____

5. El famoso ensayista asiste al teatro con amigos de mucha categoría.

   _____

   _____

6. Octavio Paz ha escrito una crítica explícita para los mexicanos.

   _____

7. Esta serie de ensayos fue escrita por Larra.

   _____

8. El festejado en el día de su onomástico fue su amigo Braulio.

   _____

9. El poeta-ensayista describió al niño mal educado.

   _____

   _____

10. El poema fue escrito por Larra, ensayista y crítico.

    _____

    _____

C Conteste las preguntas con *el que, la que, los que, las que*.

1. ¿Quién escribió ese ensayo crítico? (Unamuno)

   _____

2. Después, ¿a quiénes les dio propina? (quienes le habían servido)

   _____

3. Según Concha Suárez de Otero, ¿quiénes no saben sonreírse? (los españoles)

   _____

   _____

4. ¿Quién tenía orgullo en la mujer mexicana? (Gabriela Mistral)

   _____

   _____

5. ¿Quiénes sufren el desvelo junto a la cuna? (las verdaderas madres)

   _____

   _____

D Conteste las preguntas con *lo que*.

1. ¿Qué le daban miedo a Unamuno? (las calles de Madrid)

   _____

   _____

2. ¿Qué parecía una cama de operaciones? (la silla del peluquero)

   _____

   _____

3. ¿Qué debe hacer alguien para enseñarles a sonreír? (abrir una academia)

   _____

   _____

4. ¿Qué pinta la mexicana? (la jícara coloreada)

   _____

   _____

5. Según la poeta chilena, ¿qué mece la mexicana? (la raza entera) .

_____

E Escoja la respuesta apropiada y escriba la letra en el blanco.

1. El visitante _____ recibimos la carta es ecuatoriano.
   a. por quien
   b. a quien
   c. de quien
   d. por el cual

2. El señor _____ esposa gastó mal su dinero, está quebrado.
   a. la que
   b. la de
   c. cuyo
   d. cuya

3. ¿_____ son estas flores?
   a. Para quién
   b. Con quién
   c. Por quién
   d. En quién

4. Ese poema _____ me gustó tanto es de Campoamor.
   a. que
   b. lo que
   c. de que
   d. para que

5. Encontró esas jícaras en el mercado _____ pagó poco.
   a. para las cuales
   b. por las cuales
   c. de la cuales
   d. en las cuales

6. El barbero sustituye la toalla caliente por _____ está fría.
   a. el que
   b. lo que
   c. quien
   d. la que

7. _____ no comprendo son sus bromas sin humor.
   a. Los que
   b. La cual
   c. Lo que
   d. Quien

8. Vi a la autora _____ entablaste conversación.
   a. de la que
   b. con quien
   c. por la que
   d. que

9. Me entregó las camisas _____ le pagué en efectivo.
   a. por las cuales
   b. por que
   c. que
   d. para que

10. Hablaron sin cesar _____ nos aburrió cantidad.
    a. cual
    b. de lo que
    c. cuales
    d. lo que

11. Rindió homenaje _____ sirvió a la patria.
    a. al que
    b. con quienes
    c. los que
    d. por lo que

12. Las joyas _____ me regaló eran de gran valor.
    a. cual
    b. que
    c. cuyas
    d. cuales

13. Conoció a la intérprete _____ sobrinos e hijos estudian en Suiza.
  a. cuya
  b. cuyo
  c. cuyos
  d. cuyas

14. _____ trabajan en la fábrica son industriosas.
  a. Los que
  b. Cuales
  c. El que
  d. Las que

15. Perdí los cheques de la cuenta sin _____ no le puedo pagar.
  a. la que
  b. que
  c. los cuales
  d. lo que

16. La sonrisa _____ describe Neruda le da ánimo.
  a. la que
  b. que
  c. cual
  d. lo que

17. ¿Ves a ese señor? Sí, _____ fuma esa pipa pequeñita.
  a. el que
  b. lo que
  c. quien
  d. la cual

18. Falta respeto el interviéwer _____ escribe Montalvo.
  a. que
  b. quien
  c. por que
  d. de quien

COMPOSICIÓN

A Seleccione dos de las siguientes actividades:

1. Se dice que Machado muestra una preocupación por la situación social del ser humano y de España en un lenguaje eficaz y cuidadosamente controlado para provocar una experiencia emotiva en el lector. Escriba un párrafo explicando cómo esta observación se relaciona con el ensayo leído. Conteste esta pregunta en su párrafo: ¿Ha creado Machado una experiencia de valor universal para los lectores?

2. Hace años en algunas escuelas elementales cuando la maestra observaba que un alumno masticaba chicle en la clase, como castigo, hacía que el alumno se pegase el chicle a la punta de la nariz para ridiculizarlo ante sus compañeros. ¿Qué piensa Ud. de este tipo de censura? ¿Se puede mejorar la conducta de un niño haciéndolo un objeto de ridículo? Escriba un breve ensayo que refleja sus ideas. Recuerde que un ensayo puede tratar seriamente algo insignificante o burlarse ligeramente de algo serio.

3. En algunos estados la junta de educación requiere que cada alumno tome una clase de educación física diariamente. ¿Es justo que un alumno reciba malas notas por no poder llenar los requisitos de la clase? ¿Es apropiado requerir que los alumnos compren ropa especial para la clase o que reciban malas notas si no se visten del uniforme requerido? Escriba una composición o de crítica o de aprobación por tales regulaciones.

4. Hoy día los atletas profesionales reciben sueldos extraordinarios. ¿Lo merecen? ¿Han llegado a ser "alto comercio" los deportes profesionales? ¿Cómo premiaban a los atletas sobresalientes en las civilizaciones grecorromanas? Escriba un comentario.

5. ¿Quién tiene la responsabilidad de enseñarles a los estudiantes sobre tales sujetos como relaciones sexuales, abortos, contracepción, etc.? ¿Los padres? ¿La iglesia? ¿La escuela? Escriba un párrafo expresando su opinión personal.

 JOYA NUEVE

EL DRAMA: DIAMANTES DE ACCIÓN

LECTURA

 A Lea el siguiente trozo que viene de *Yerma*. Yerma, en compañía de dos viejas, visita a una adivina que predice que Yerma puede tener un niño.

Yerma de Federico García Lorca

Dolores: **A**hora tendrás un hijo. Te lo puedo asegurar.

Yerma: Lo tendré porque lo tengo que tener. O no entiendo el mundo. A veces, cuando ya estoy segura de que jamás, jamás…, me sube como una oleada de fuego por los pies y se me quedan vacías todas las cosas, y los hombres que andan por la calle y los toros y las piedras me parecen como cosas de algodón. Y me pregunto: ¿para qué estarán ahí puestos?

Vieja 1ª: Está bien que una casada quiera hijos, pero si no los tiene, ¿por qué esa ansia por ellos? Lo importante de este mundo es dejarse llevar por los años. No te critico. Ya has visto cómo he ayudado a los rezos[1]. Pero, ¿qué vega esperas dar a tu hijo ni qué felicidad, ni qué silla de plata?

Yerma: Yo no pienso en el mañana, pienso en el hoy. Tú estás vieja y lo ves todo como un libro leído. Yo pienso que tengo sed y no tengo libertad. Yo quiero tener a mi hijo en los brazos para dormir tranquila, y óyelo bien y no te espantes de lo que digo: aunque yo supiera que mi hijo me iba a martirizar después y me iba a odiar y me iba a llevar de los cabellos por las calles, recibiría con gozo su nacimiento, porque es mucho mejor llorar por un hombre vivo que nos apuñala[2], que llorar por este fantasma sentado año tras año encima de mi corazón.

Vieja 1ª: Eres demasiado joven para oír consejo. Pero mientras esperas la gracia de Dios debes ampararte en el amor de tu marido.

Yerma: ¡Ay! Has puesto el dedo en la llaga[3] más honda que tienen mis carnes.

Dolores: Tu marido es bueno.

Yerma: ¡Es bueno! ¡Es bueno! ¿Y qué? Ojalá fuera malo. Pero no. Él va con sus ovejas por sus caminos y cuenta el dinero por las noches. No soy una casada indecente; pero yo sé que los hijos nacen del hombre y de la mujer. ¡Ay, si los pudiera tener yo sola!

Dolores: Piensa que tu marido también sufre.

Yerma: No sufre. Lo que pasa es que él no ansia hijos.

Vieja 1ª: ¡No digas eso!

Yerma: Se lo conozco en la mirada, y como no los ansia no me los da. No lo quiero, no lo quiero y, sin embargo, es mi única salvación. Por honra y por casta. Mi única salvación.

[1] rezos *prayers*
[2] apuñala *stabs*
[3] llaga *sore spot*

EJERCICIO DE COMPRENSIÓN

A Seleccione la respuesta correcta.

1. Este trozo indica al lector que Yerma es una...

    a. adivina.

    b. mujer soltera.

    c. mujer frustrada.

    d. vieja que quiere hijos.

2. Yerma tendrá un hijo porque...

    a. la adivina lo ha asegurado.

    b. lo tiene que tener.

    c. es una oleada de fuego.

    d. las casadas quieren hijos.

3. A pesar de problemas maternales, Yerma...

    a. recibiría con alegría el nacimiento de un hijo.

    b. martirizaría a su hijo.

    c. odiaría al recién nacido.

    d. lloraría por su esposo.

4. "Este fantasma sentado año tras año encima de mi corazón" es...

    a. el pronóstico de la adivina.

    b. un símil.

    c. una metáfora.

    d. el consejo de una vieja.

5. La vieja aconseja que Yerma…

   a. espere la gracia de Dios.

   b. no tenga hijos.

   c. busque a otro marido.

   d. se ampare en el amor conyugal.

6. El marido de Yerma…

   a. es muy pobre.

   b. ansía hijos.

   c. no le hace caso a Yerma.

   d. sufre mucho.

7. Yerma dice que si fuera posible, preferiría…

   a. tener hijos sola.

   b. su única salvación.

   c. ansiar a los hijos.

   d. consultar una adivina.

VOCABULARIO

A Escoja la palabra que mejor termine la idea.

1. Se asustó al oír _____ de los soldados en la calle.
   - **a.** la salmodía
   - **b.** los hachones
   - **c.** el alboroto
   - **d.** el canicular

2. Me hizo gracia observar _____ de los ancianos.
   - **a.** los olivares
   - **b.** la gacela
   - **c.** el aura
   - **d.** el chochear

3. _____ no contribuyen nada a la sociedad.
   - **a.** Los vagos
   - **b.** Trabajadores
   - **c.** Voluntarios
   - **d.** Artistas

4. Ese pobre _____ no se daba cuenta de lo ridículo de su comportamiento.
   - **a.** afán
   - **b.** albedrío
   - **c.** hazmerreír
   - **d.** magnánimo

5. Al recibir la noticia que no iba a regresar me sentí bastante _____.
   - **a.** deprimido
   - **b.** enemistad
   - **c.** palurdo
   - **d.** erguido

6. En esa mañana _____ opté ir por el Retiro.
   - **a.** halagada
   - **b.** templada
   - **c.** apoyada
   - **d.** descamisada

7. Sus palabras _____ me llegaron de perlas.
   - **a.** perturbantes
   - **b.** confortantes
   - **c.** altivas
   - **d.** humillantes

8. El anciano pronunció frases _____ que le agradaron.
   - **a.** desharrapadas
   - **b.** sombrías
   - **c.** lisonjeras
   - **d.** amenas

9. Ese _____ llegó refunfuñando de todo.
   - **a.** hado
   - **b.** liebre
   - **c.** impío
   - **d.** cascarrabias

10. Laura descubrió cómo ella esperaba la llegada del galán por _____.
    - **a.** la vereda
    - **b.** el alguacil
    - **c.** el duelo
    - **d.** alboroto

11. Con sus constantes preguntas y observaciones ella era muy _____.
    - **a.** callada
    - **b.** privada
    - **c.** entrometida
    - **d.** apartada

12. Ese ejército sufrió _____ completa en esa batalla decisiva.
    - **a.** una quimera
    - **b.** una ballesta
    - **c.** una derrota
    - **d.** una pesquisa

13. Noté _____ causado por el terremoto.
   a. el albedrío   **c.** el lisonjero
   b. el estremecimiento   **d.** el bosquejo

14. Al tomar el té, levantó _____ aristocráticamente.
   a. el almendro   **c.** el acierto
   b. el meñique   **d.** las boqueras

15. Con el puño le pegó a la mesa y la _____.
   a. envidió   **c.** cazurró
   b. hizo polvo   **d.** destronó

16. Tosió, estornudó y luego _____.
   a. limpió las botas   **c.** comió las migas
   b. miró los gorriones **d.** se sonó las narices

17. La novia bordaba sábanas para _____.
   a. la mortaja   **c.** la bujía
   b. el ajuar   **d.** estremecerse

18. La papilla del niño se deslizó de _____.
   a. la purera   **c.** las boqueras
   b. las mezclas **d.** las ruedas

19. Al oír _____ del pretendiente se ruborizó.
   a. los halagos   **c.** la codicia
   b. los resortes **d.** las gafas

20. Gritó «¡Socorro!», y alguien corrió a ofrecer _____.
   a. perdices   **c.** apoyo
   b. frenesí   **d.** un ramillete

B **Sinónimos.** Identifique el sinónimo de las palabras enumeradas y escriba la letra correspondiente en el blanco.

1. _____ mamarracho   **a.** atrevido

2. _____ jocoso   **b.** por supuesto

3. _____ palpable   **c.** alegre y divertido

4. _____ dar palique   **d.** levantarse

5. _____ osado   **e.** protección

6. _____ erguirse   **f.** severidad

7. _____ amparo   **g.** hablar mucho

8. _____ desde luego   **h.** figura grotesca

9. _____ rigor   **i.** destino

10. _____ hado   **j.** evidente

ESTRUCTURA

A Subraye los objetos directos. Después escriba toda la oración sustituyendo el objeto con un pronombre.

1. El Comendador quería colgar a Frondoso.

   _____

2. Los aldeanos respetaban a los Reyes Católicos.

   _____

3. El pueblo decidió matar al tirano y a sus cómplices.

   _____

4. Urgía que todos ensayaran sus respuestas.

   _____

5. Lope de Vega, dramaturgo popular, escribió más de mil comedias.

   _____

6. Segismundo lamentó no tener la libertad de los aves.

   _____

7. El reo vio a los intrusos cerca de su prisión.

   _____

8. En vista de la conducta inesperada de su hijo, el rey abdicó el trono.

   _____

9. La anciana traía migas de pan cada vez que iba al parque.

   _____

10. Laura sabía los versos de memoria.

    _____

11. Don Gonzalo inventó una historia muy exagerada.

    _____

12. Carlota no quería que Maximiliano abdicara el trono.

    _____

13. El pueblo mexicano eligió a Juárez a ser presidente.

_____

14. García Lorca escribió obras teatrales en este siglo.

_____

15. Bernarda quería dominar con rigidez a todos en y afuera de su casa.

_____

B Subraye los objetos indirectos. Después escriba la oración sustituyendo los objetos indirectos con pronombres.

1. Laurencia gritó a los hombres que no la habían defendido.

_____

2. La pobre mostró sus heridas a los «medio-hombres».

_____

3. Esteban no había entregado a su hija al novio en matrimonio.

_____

4. El príncipe preguntó a Clotaldo la razón de estar en la corte.

_____

5. También intentó castigar al que le había atendido.

_____

6. El soldado llamó a Segismundo «gran príncipe».

_____

7. Carlota acusó a Bazaine de ser hipócrita.

_____

8. Maximiliano mintió a ella.

_____

9. Él llamó a su mozo cuando quería salir.

_____

10. Petra regaló violetas a su señora.

_____

11. El amigo prometió a Laura que regresaría.

_____

12. Bernarda dijo a las mujeres que se callaran.

_____

13. Las criadas sirvieron a los hombres en el patio.

_____

14. Bernarda demanda a todos respeto.

_____

15. La madre gritó «¡Silencio!» a todos.

_____

C Subraye una vez los objetos directos y dos veces los indirectos. Después escriba la oración sustituyendo los objetos con pronombres.

1. Clotaldo informó a Segismundo lo que el rey había hecho.

_____

2. Segismundo relató a Clotaldo lo que había soñado.

_____

3. Gonzalo admitió a doña Laura que había tenido un amor en Aravaca.

_____

4. Describió una muerte patriótica a la señora.

_____

5. Muy contento dijo a doña Laura que regresaría mañana.

_____

6. Carlota recomendó al Mariscal prudencia y moderación.

_____

7. Maximiliano concedió a su esposa permiso de hablar con Napoleón.

_____

8. No dio su aprobación a su oficial.

_____

9. La señora sugirió al emperador que no escribiera a su familia.

_____

10. Su Majestad, lea a sus amigos la «carta a su hijo».

_____

D Subraye los objetos de preposiciones. Después escriban las oraciones sustituyéndo los objetos con pronombres.

1. Ensayan su defensa con Mengo pero sin las mujeres.

_____

2. No pueden defenderse sin armas.

_____

3. Las amenazas causaron temor en las mujeres.

_____

4. Todos tenían miedo del pesquisidor.

_____

5. Lope de Vega escribió comedias populares para los españoles.

_____

6. Doña Laura hablaba con los pájaros.

_____

COMPOSICIÓN

A Seleccione una de las siguientes actividades.

1. García Lorca desgrana los temas del antagonismo entre realidad y deseo, entre el individuo y las normas de la tradición y la sangre. Escriba una breve composición aplicando esta observación a la selección leída de *Yerma*.

2. La infertilidad es una frustración para la mujer. ¿Qué opina Ud.? ¿Qué alternativas hay para los matrimonios que no pueden tener hijos? Haga un comentario.

3. Escriba una breve composición comparando o contrastando Yerma con una de las mujeres de la casa de Bernarda Alba (Bernarda, Martirio, Adela).

4. Haga una lista de los ingredientes que pueden contribuir a la felicidad de un matrimonio. Escoja uno de la lista y escriba un breve ensayo desarrollándolo.

5. Escriba un pequeño párrafo expresando lo que debe ser el castigo cuando hay abuso en un matrimonio. ¿Sería el mismo castigo para hombre o mujer? ¿Si el abuso es físico o mental?